# 《寿康宝鉴》白话选译

印光法师　著
商丘市寿康文化研究学会　编译

华龄出版社
HUALING PRESS

图书在版编目（CIP）数据

《寿康宝鉴》白话选译 / 印光法师著；商丘市寿康文化研究学会编译.-- 北京：华龄出版社，2023.5
ISBN 978-7-5169-2484-6

Ⅰ.①寿… Ⅱ.①印… ②商… Ⅲ.①品德教育－中国－通俗读物 Ⅳ.①D648-49

中国国家版本馆CIP数据核字(2023)第039533号

策划编辑 胡文财　　责任印制 李未圻
责任编辑 梅剑　　装帧设计 正觉文化

| | | | |
|---|---|---|---|
| 书　名 | 《寿康宝鉴》白话选译 | 作　者 | 印光大师<br>商丘市寿康文化研究学会 |
| 出　版<br>发　行 | 华龄出版社 HUALING PRESS | | |
| 社　址 | 北京市东城区安定门外大街甲 57 号 | 邮　编 | 100011 |
| 发　行 | （010）58122255 | 传　真 | （010）84049572 |
| 承　印 | 四川和乐印务有限责任公司 | | |
| 版　次 | 2023年8月第1版 | 印　次 | 2023年10月第2次印刷 |
| 规　格 | 880mm×1230mm | 开　本 | 1/32 |
| 印　张 | 5.625 | 字　数 | 120千字 |
| 书　号 | ISBN 978-7-5169-2484-6 | | |
| 定　价 | 48. 00元 | | |

# 目录

## 序题



## 附录



## 警训

## 事证



## 立誓



## 求子



## 附录

序题

## 题辞一

每个人都希望自己及子孙健康长寿、幸福美满，但如果在色欲这件事情上不知忌讳、不知节制、不知谨慎，则所希望的与所得到的将适得其反。岂不可悲可痛！所以孔子说：青少年时期，血气未定，不能犯色欲。（“少之时，血气未定，戒之在色。”）孟子说：最好的养心方法莫过于少欲。少欲的人虽然也有短命的，但很少；多欲的人虽然也有长寿的，但也很少。（“养心，莫善于寡欲。其为人也寡欲，虽有不存焉者，寡矣；其为人也多欲，虽有存焉者，寡矣。”）因此可以说，人的死生存亡，多半取决于淫欲心的多与寡。不慧印光虽无救世之力，但却非常希望世人都能健康长寿，于是增订编辑并刊印流布此书，殷切期望那些自爱并爱自己子孙的人，能够将此书详细阅读，对于色欲与健康和夭寿的利害关系，明若观火，并能在家里教诲子孙，在外面告诫亲友。另外，我还祈愿此书能够在世间广泛流通，使一切人都能获得长寿健康。这是我馨香而祷祝的。

## 题辞二

人的身体源于淫欲而得，所以人的淫习偏重。于此稍不注意谨慎节制，往往导致病亡。古时的圣王，非常爱护子民，在不宜行夫妇房事的日子，令人敲响木铎(大铃)，行走于街巷道路，警戒世人不要误送了性命。其慈悲爱民是何等深切!

到了后世，不但国家政府的法令不再提及，就是父母对自己的儿女，也不讲戒淫保命的道理，致使很多青少年，因无知而断送了宝贵的生命，实在太可悲了。

印光经历世事数十年，亲身见过、听过由于淫欲而伤身丧命的事例很多，十分悲伤，因此募化善资印制《寿康宝鉴》，希望同胞大众，都能获得健康长寿。希望获得此书的人，仔细阅读并辗转流通，以使大家的心思和钱财不致白费，我就非常高兴了。

## 《寿康宝鉴》序

世人都希望自己健康长寿、子孙兴旺、事业发达、平安吉祥，没有人愿意多病夭折、子孙断绝、家道败落、凶危多难。此乃人之常情，三尺孩童也能明白。哪怕是最愚笨的人，也绝不会喜欢灾祸而讨厌吉祥。贪淫好色的人，虽然也希望寿康吉祥，但所作所为却与社会伦理道德相反，结果是不想得到的厄运频频降临，而想得到的幸福吉祥却远离而去。真是可悲！那些纵情花柳、以此为乐的人，其下场无疑很悲惨，这里暂且不谈。即使是夫妇之间，若是贪恋淫欲，同样会导致体弱多病、丧身失命。也有虽不贪淫，但由于不知忌讳（种种忌讳，书中有详细说明），冒昧行房事而导致死亡的，真是太令人惋惜了。因此，古时贤者编了《不可录》一书，记载了淫欲之害、戒淫格言以及福善祸淫的实例，详细而有条理地分析和陈述了持戒的方法、日期以及其中的忌讳，以警世人。作者的觉世救民之心，可谓恳切周挚！现在我将《不可录》加以增补修订，并取名为《寿康宝鉴》，再为这本书募捐印刷，令其广泛流通。我这样做，缘于一件令人痛心的往事。

有一名皈依弟子罗济同，四川人，46岁，在上海从事船商生意。其人性情忠厚老实，深信佛法，与关别樵等人合办“净业社”。民国十二三年，多次想来普陀山皈依，终因事务缠身，未能成行。十四年，身患臌胀病好几个月，病势极为凶险，虽经中西医多方治疗，均无效果。八月十四日，清理医药账目时，发现金额巨大。他生气地说：“从此就是死了，也不再吃药了！”其妾便在佛前恳切许愿终生吃素念佛，以祈求丈夫痊愈。当天下午，病情竟有转机，大泻淤水，未服药就基本康复了。我于八月底来上海，住在太平寺。九月初二去净业社见关别樵，罗济同也在那里。当时他虽然还没有完全康复，但气色淳净光华。他看见我，欢喜地说：“师父来了！那我就在上海皈依，不需要上普陀山了。”于是，就在九月初八与其妾在太平寺同受了三皈五戒。随后又邀请了程雪楼、关别樵、丁桂樵、欧阳石芝、余峙莲、任心白等居士陪我吃饭。九月初十，又请我到他家去吃饭，并且说：“师父就是弟子们的父母，弟子也就是师父的儿女呀！”我说：“父母总是为儿女的病患担忧，你的病虽好，但身体尚未完全复原，应当慎重！”可惜我当时没有直接明说“慎重”是特指夫妻房事。到了月底，我参加上海功德林召开的监狱感化会，罗济同也来了。会后有十余人留下用餐时，罗济同进来与账房先生交待几句，然后就走了。此时，他的面色简直就像死人一样。我料定他是犯了房事，深悔那天只说父母总为儿女的病患担忧，未曾说明担忧的原因和道理，致使他重病复发，生命危在旦夕。当时想给他写封信，告诉他一定要严禁房事，但因琐事繁杂，没有写成。十月初六回到普陀山，立即给他寄了一封信，极力陈述其利害关系，然而已经晚了，没有几天济同就死了。他临终的时侯，关别樵邀请了一些居士来助念。济同是否能够往生西方极乐世界，不得而知，但应当不致堕入恶道。济同大病数月，由于三宝的加持，未用药而痊愈，十几天来气色光华，胜于常人。后来却由于不知谨慎保身，误犯房事而死，不但断送了自己的性命，也辜负了三宝慈悲护佑的恩德啊！

我接到罗去世的消息甚为难过，想到世上由于不知忌讳冒昧贪淫以致丧命的人不计其数；如果不将这个道理提醒世人，则大失如来慈悲救苦之道。因此，我就决心将《不可录》一书的内容重新增补修订，排印成书，广泛流布，希望世上所有的人，都知道忌讳不致误送性命。一位居士想将母亲的遗资一千六百元印善书奉送结缘，我让他全部用来印《寿康宝鉴》，以救护青年男女，防患于未然。

如此，则以罗济同一人的死，可使现在、未来一切阅读此书的人，知道有所戒慎，并由于该书的辗转流通、辗转劝诫，使举世之人，都能同享长寿康宁，而悲苦的鳏寡孤独将越来越少。这样，济同一人的死，使一切人都能得到健康长寿，那么其死就有功德了。仗此功德，回向往生，济同必当俯谢娑婆，高登极乐，成为阿弥陀佛的弟子，做大海众菩萨的良朋。

孟子说：最好的养心方法莫过于少欲。少欲的人虽然也有短命的，但很少；多欲的人虽然也有长寿的，但也很少。身体健康的时候尚且要节制性欲，何况是大病初愈之人！十年前，有一个富翁的儿子，留学日本学习西医，成绩名列前茅。一次坐电车，车未停稳就跳下车，跌断一只胳膊。因为他自己就是学医的，所以很快就治好了。凡伤筋折骨，百日之内一定不能近女色行欲事。此人骨折后不久，因母亲做寿而回国，与妻子同宿一夜，第二天就死了。这位富翁的儿子很聪明，而且自己还将要为人医病，怎么连这样的常识，居然懵懵懂懂一点都不知道呢？只因贪图片刻的欢乐，而葬送了宝贵的生命，还有什么样的悲哀可以与之相比呢？前年，有一个商人，正在走财运，头天生意赚了六七百元，十分得意。第二天，他从妾的住所来到妻的住所，其妻大喜过望。当时是农历五月，天气很热，她为丈夫开电扇，备澡盆，并拿冰水冲蜂蜜给他喝。她只知道这样可以解暑降温，但却不知道丈夫刚行房事，是不能受凉的。结果不到三小时，这个商人就腹痛而死。由此可见，世上由于不知忌讳、冒昧行房事而致死的人，实在不计其数。从古至今，人间福报最大的莫过于皇帝，按理说，福报大的人，寿命也应当长；但如果认真考证一下，这些帝王十有八九都不长寿，这大多数难道不是因为房事过多，又加上不知忌讳，而缩短了自己的寿命吗？常见世上的聪明人，有许多也不能长寿，也是由于不知危害懵懂行事而造成的。我常说，世上的人，十分当中，有四分是由于色欲而死，还有四分虽不是直接因此而死，却因贪欲损身，遇其他内外病缘间接而死，能够尽寿而终的，不过是十分之一二罢了。茫茫世界，芸芸众生，竟然有很大一部分是因色欲而死，怎不令人悲哀啊！这就是我编订《寿康宝鉴》的原因。

唯愿世上爱儿女的人，以及为同胞修福止患的人，都来发心印送这本《寿康宝鉴》，辗转流传，使人人都知道忌讳，不致于误送性命或变成无所作为的废人。那些放荡于花街柳巷的人，多数是由于自己缺少正确的知见，受了损友淫书的毒害，致使身陷欲海，不能自拔。如果这些人愿意认真阅读本书，就会深知其利害，清楚地了解到：

邪淫的戒除与否，关乎祖宗父母的荣宠羞辱、自己身家的生死成败，关乎后世子孙的贤愚存亡。只要这些人的天良还没有完全泯灭，一定会触目惊心而戒除邪淫。若能人人如此，则人们各乐夫妇之天伦，不致因贪图淫欲而损身，都能相敬如宾、白头偕老、健康长寿。另外，清心寡欲之人，常能健康生育。他们的子女必定体质强壮、心性贞良，长大后不仅没有自戕身体的过失，还可能成为荣耀门庭、贡献社会的栋梁之才。这是印光永远馨香以求的。

愿一切阅读《寿康宝鉴》的人，大家共表同心，随缘流布，则人民幸甚，国家幸甚！

## 《不可录》重刻序

色欲的祸害，极其酷烈，从古至今，因此而亡国败家、丧身绝嗣的人，何可胜数！因耽于色欲而摧毁刚健的身体、昏聩清明的志向，虽有顶天立地、希圣希贤的资质，却成了碌碌无为、无所建树之人，也同样不知道有多少！更何况那些违背天理、淫乱人伦，生前成为衣冠禽兽，死后堕入三途恶道的下流之徒，又怎能知道和看见呢？噫，色欲之害，真是残酷炽烈，令人心惊可怕之极！因此许多古圣先贤，特垂慈悯，有的告知以佛法的道理，有的规劝以世间善言，就是想使世人都能明白福善祸淫的道理，同时又用许多实例，作为验证和警戒，希望懂得自爱的人见了，能够怵目惊心，幡然醒悟，从而遏人欲于横流、复天良于将灭。从此一切大众，都能够享受富寿康宁的幸福，永离贫病夭折的祸患。这就是《不可录》要编辑成书的原因。

张瑞曾居士，想要把《不可录》重刻，印送广施，并请我写序阐明克制淫欲的要点。要知道，当美色现前、淫欲之心炽盛的时候，无论是正法的道理、世间的善言，还是令人敬畏的因果报应，都很难断其爱心。如果能于此时作“不净观”，则一腔淫心，可以当下冰消。

传闻我老家陕西的长安城里，有许多子弟喜欢玩蟋蟀。有一家兄弟三人，都处于青少年时期。一天夜晚，月光明亮，他们在坟墓之间捉蟋蟀，忽然看见一个少妇，姿色绝伦，三人一同追赶捉拿。这时少妇突然变脸，七孔流血，舌头拖出一尺多长，兄弟三人同时被吓死。第二天，家里人找到了他们，救活了一个，才知道事情经过。被救活的那一个，大病了几个月才好。这家从此禁止子孙夜晚捉蟋蟀。这个美丽的少妇，没有变脸的时候，三人见了，爱入骨髓，非要满足淫心不可，待到其妇变脸，都一下子被吓死，爱心立即化为乌有。然而当他们三人群起追逐时，少妇也未必七孔无血、口中无舌。为什么她将血和舌头隐藏起来时，人们见她就生爱心，而见她流血拖舌，就生恐惧心呢？明白了这个道理，则凡见到一切天姿国色，都可以当作七孔流血、舌拖尺长的吊颈鬼来想。如果能这样，怎么还会被美色所迷惑，以致生不能享尽天年，死后又长堕恶道呢？

所以如来让贪欲重的人，作“不净观”。观之久久，行者尚且能断惑证真、超凡入圣，岂止是不犯邪淫、息欲养生的利益。见了美貌的异性就产生爱心而想行欲事，不过是被外面一张光华艳丽的薄皮所迷惑罢了。如果揭去这层皮，不但皮下面的东西不堪爱恋，就是这张薄皮，也绝对没有什么值得爱恋的。再进一步解剖其躯体，则将见脓血淋漓，骨肉纵横，脏腑屎尿，狼藉遍地，臭秽腥臊，不堪见闻。这比起前面说的那个少妇，其可畏惧、可厌恶的程度，更要超过百倍千倍。纵然是倾国倾城的绝世佳人，薄皮里面的东西，又有什么不一样呢？为何只见其外面的形象，而不去观察里面的内容，迷恋其极少部分的薄皮之美，却不去注意占大部分的秽恶腥臭呢？我希望世人能明了美貌背后的实质，知其秽多而厌离，知其美少而放弃。如此，就能一同出离欲海，共登觉悟的彼岸了。

## 《不可录》敦伦理序

天是伟大的父亲，地是伟大的母亲，一切男人女人，都是天地的子女，都是我们的同胞。既然都是同胞，就应当互相友爱，保护扶持，希望各得其所。这样做，就是天地孝顺的孩子，也才无愧于天地所生。既然能保护扶持天地的儿女，那么天地就必定会保护扶持这个人，使他福深寿长，万事如意。假使有人肆意横行，欺负凌辱天地的儿女，此人必将折福减寿、灭门绝嗣，一口气上不来，就堕入三途恶道，纵然经历百千万劫，也难以复得人身。这种人都是自取其祸，并不是天地对他不慈悲。

别的先不说，譬如妻、女、姐、妹，人们都有。假如别人老盯着你的妻子、女儿、姐姐、妹妹不怀好意地看，你必定会气愤发怒，恨不得冲上去揍他一顿。但为什么你看见人家的妻、女、姐、妹，稍有姿色，心里就乱起淫念，妄图污辱人家呢？既然同是天地的子女，都是我的同胞，如果对自己的同胞，生起不正的邪念，那就是污辱天地的儿女，欺负侮辱自己的同胞，这样的人，还配活在天地之间，他还能叫人吗？况且夫妇之道，关乎社会秩序稳定的大局，是五伦中的关键。人之所以不同于禽兽，就是由于人有伦理道德。人若是做了灭理乱伦的事，那就是以人身去行禽兽事，身体虽然是人，实际上连禽兽也不如！为什么？因为禽兽不懂伦理道德，而人是知道伦理道德的。明知故犯，当然比禽兽更低级了。

然而众生，都是由淫欲而生，所以这种习气偏重，必须严加提防。如能在淫念生起时，将其作亲人想、作怨仇想，或能作“不净观”想，就可以熄灭邪念，而养成淳厚的正念。“怨仇观”与“不净观”已在前面序中说明，现在特将“当作亲人来想”一法，加以阐发，希望阅读的人，共同勉励，遵守道德，摒弃恶念。

《四十二章经》教导我们，见到妇女时应该：“想其老者如母，长者如姊，少者如妹，幼者如女，生度脱心，熄灭恶念。”[①]《梵网经》则说：“一切男子是我父，一切女子是我母，我生生无不从之受生。故六道众生皆是我父母。”如此一想，则保护扶持她们都还来不及，怎么敢起恶劣心而污辱她们呢？

注：①若见到各种女人，要想那年老的如同自己的母亲，年长的如同姐姐，年轻的如同妹妹，年幼的如同女儿，从而生起度脱心，熄灭恶念。

明代有一学生，贪恋淫欲的心很重，不能自我约束，为此他去请教王龙溪。王龙溪说："譬如有人对你说，这里有一个名妓，你可以揭开罗帐同寝。你听从了他的话，撩开罗帐一看，竟是你的母亲，或是女儿、姐姐、妹妹，此时你的一片淫欲之心，熄灭没有呢？"其人回答道："熄灭了。"王龙溪又说："由此可见，淫欲之心本来是空的，是你自己当真了。"如果人人都能将一切女人，作为自己的母亲、女儿、姐姐、妹妹来看，那么不仅淫欲的恶念无从生起，而且生死轮回，也定会由此而顿时出离了。

《不可录》一书，包含真实而珍贵的言教，福善祸淫的案例，还有日期、场所等卫生戒忌，内容周详明确。作者觉世醒迷的慈悲心，可以说是诚恳又真挚。扬州的张瑞曾居士，利人心切，为了印行此书，请我讲说遏制淫欲的要点，因此我就叙述了"怨仇观""不净观"的大意。他又因堂兄张正勋去世，准备把这功德，超荐堂兄灵识，使其罪障消灭，福智崇朗，出离五浊恶世，往生西方极乐世界。感于瑞曾居士孝顺父母、友爱兄弟的真情，我又写了这篇敦伦之序。希望见到这本书的人，能详细阅读、认真领会，我就非常高兴了。

## 《欲海回狂》普劝受持流通序

天下有一种极惨极烈、至大至深的祸害，动辄让人丧身失命，却有人偏偏喜欢它，以身殉之，至死不知悔改。这种祸害就是色欲！对于那些放浪形骸，纵情淫欲，攀花折柳，偷香窃玉，灭理乱伦，败家辱祖，恶名传于乡里，毒气遗于子孙，生前不能安享天命，死后长劫堕入三途恶道的人，姑且不论。就是夫妇之间，因贪恋沉湎房事而死的人，又怎么数得清。本来是追求快乐，结果是导致死亡。世上鳏夫寡妇的痛苦，实际上多数是自己今生的不节制造成的，不能全归于命运。那些迷恋于床笫之欢的人，固然是自取其祸。还有一些人，虽然平时并不过分贪恋房事，但只因不知道忌讳，冒昧从事而造成死亡的也不在少数。所以《礼记·月令》记载，古时有打铃公告，告诉老百姓注意房事的政教法令。古代圣王爱护人民的赤诚之心，真是无微不至。（种种忌讳，《寿康宝鉴》中有详细说明，应阅。）

我常说，世间的人民，十分之中，由淫欲直接而死的，有四分；间接而死的，也有四分。因为纵欲使身体亏损，容易受到各种疾病的侵袭，从而导致死亡。对于这些直接或间接因色欲而死者，一般人都说是寿数到了。其实，贪淫之人的死，都没有享尽天年。真正能够尽其天年的人，乃是清心寡欲、清净贞良、不贪淫事的人。那些贪图淫欲的人，都是自己提前结束了自己的生命，怎么可以说是寿数到了呢？依命而生，尽命而死的人，不过十分之一二罢了。由此而知，天下多半的人都是未尽天年而提前枉死的。淫欲祸害的惨烈，世上再没有第二种了。这怎不令人悲哀？怎不令人畏惧呢？

世上也有不花一分钱，不费一点力，就能成就高尚的道德品行，享受最大的人生安乐，遗留子孙以无穷的幸福，使自己来生得到忠贞良善眷属的方法。这种方法就是戒除邪淫、节制正淫。夫妇之间正当的淫欲，前面已经简单说明了节制与否的利害关系，这里不再论说。夫妇以外的邪淫之事，则无廉无耻，极秽极恶，乃是以人身去行畜生事。对于美艳的少女来求私奔，妖冶的少妇前来献媚，高尚明智的人都知道是莫大的祸殃，而严加拒绝，其结果必然是福星高照、皇天眷顾；无知愚人则当作莫大的幸福而欣然接纳，其结果必然导致灾祸降临，鬼神诛戮。君子是因祸而得福，小人则是因祸而加祸。因此古人说：“祸福无门，唯人自召。”世人假使在色欲关头，不能彻底看破，那就是将至高的德行、最大的安乐以及子孙无穷的幸福、来生忠贞良善的眷属，断送于片刻的欢娱之中，岂不可悲！

周安士先生的《欲海回狂》，分门别类，缕析条陈，是一本雅俗共赏、叙述劝诫都诚挚感人的好书。对于从古至今不淫获福、犯淫遭祸的事例，从头至尾，详细而全面地记述。大声疾呼，不遗余力；晨钟暮鼓，发人深省。其目的就是要使举世同胞，都能享受福乐，享尽天年而后已。要知道《欲海回狂》一书，虽然专为戒淫而写，但其内容与道理，却圆融具备经国治世、修身齐家、穷理尽性、了生脱死的方法。如果对此书认真阅读，心领神会，就能左右逢源，触目是道。安士先生忧世救民的慈悲心，真是至深至切！因此，我在民国七年，特在扬州藏经院刊刻《安士全书》。民国八年，又将《安士全书》中的《欲海回狂》《万善先资》二种刻成单行本。民国十年，又募捐善资，印行缩小本《安士全书》。原打算印十万部，遍布全国，但因人微德薄，无由感通，只印了四万部，而中华书局又私下印刷出售了近二万部。后来，杭州、汉口也都仿照排版，所印数量，也不在少数。

现有江苏太仓的吴紫翔居士，痛念世上灾祸日益加剧，而那些新学派，提倡废除伦常，废除贞操，鼓吹纵欲乱伦，煽动情欲，如决江堤，任其横流，使一般青年男女，一同陷于无底欲海的漩涡之中。因此，他发心广印《欲海回狂》一书，施送社会各界，期望挽回狂澜。众志成城，大家齐心合力就能办成大事。我恳切希望天下的仁人君子，大发救世善心，根据自己的能力尽量印送，并劝有缘人，普遍流通此书。又祈望父亲教诲儿子，兄长勉励弟弟，老师训诫学生，朋友劝告同伴，使人人都知道色欲的危害，各自立志如山，守身如玉，不但不犯邪淫，就是夫妇之间的正当性生活，也知道节制谨慎。如能这样，则见鳏寡孤独，日渐减少，富寿康宁，人人可得。个人与家庭，清泰吉祥；国家和社会，安定太平。邪行能转成美德，灾祸自变作福运。不花一分钱，不出一点力，就能取得如此美满的结果。诸位仁人君子，想必都会当仁不让而乐意为之。

谨此叙述其主要意义，以贡献给各位同人。

附录

## 懿德堪钦

（《扬州甘泉县志》）

元朝的秦昭，是扬州人，二十岁那年准备到京城游玩，都已经登上船了，他的朋友邓某，赶来为其持酒送行。正在喝酒间，忽有一绝色女子被抬到了船上。邓某令该女拜见秦昭，并介绍说：“此女是我为京城某部某大人所买的小妾，想借您出行之便，将此女带到京城。”秦昭再三婉言拒绝。邓某不高兴地说：“你为什么这样固执？不就是一个女子吗？路上你若不能把持自己，此女即归您了，不过二千五百钱而已。”秦昭不得已，答应下来。当时天气已经很热，蚊虫很多，此女苦于没有蚊帐，秦昭只好让此女和自己同寝于一个帐内。从内河出发，历经数十日，到了京城。秦昭先把此女安顿到店主娘那里，自己拿着邓某的书信寻访某大人。找到之后，此大人问秦昭："你可带家眷来？"秦昭说："没有，就我自己一人。"其人勃然怒现于面，然而因有邓某的书信，不得已勉强令人将此女接到家中。这天夜里，方知此女未破身。该大人惭愧不已。第二天，马上写书信答谢邓某，信中大赞秦昭的德行，随后，前往秦昭处拜见，说："阁下您真是盛德君子啊，千古少有。昨日我还非常怀疑您，真是以小人之腹测君子之心，太令人惭愧了！"

**【批】**秦昭之心，如果不能毫无邪念，正念淳厚，则与此绝色女子日同食，夜同寝，经数十日之久，能毫不动心吗？秦昭固然是盛德君子，此女亦属贞洁淑媛。此二人懿德贞心，令人景仰。所以我把这个故事附录于此，以广流通。

——民国十六年印光法师附录

## 文帝训饬士子戒淫文

文昌帝君说：“上天常降祸于好色贪淫之人，而且其报应也特别快。愚人却像做梦一样的颠倒无知，不知畏惧。世人如果放纵自己的行为不加检点，那么灾殃随时都会降临。诸位学子请听我的劝导之言：自古以来只有积德行善，才能获得吉庆；违背天理，造作罪恶，必然遭受祸殃。这是往昔圣贤的明训。春秋时期那些邪淫乱伦的诸侯大夫，最后都导致了败国亡家。《诗经》中，也讥讽荒淫无耻之人连鸟儿都不如。所以违逆天理，就是自害性命，而贪图淫乱，就是自败名节。人的作为背天理，上天岂能不震怒。高贵香洁的御花园，只有洁身自好的人才能受邀游览；天子为新科贵人赐宴的恩宠，岂是名声污秽者所能享得？

“上天命我掌管士子功名，我于此类事也曾作过教诲训示。无奈有些读书人，只为贪图片刻的欢乐，而不顾惜一生的前程。淫乱别人的妻女，自己的妻女必被他人所淫，如同交易有买就有卖。淫恶的报应残酷无情，可是能洗心革面、痛改前非的又有几人呢？我在春秋两季的科考中，经常临时取舍一些人：有的原本该考中，而被一笔勾销名字，那是因为他偷看了邻家的妻室；而那些原本不在录取之列，后被增补上来的人，是由于拒绝了私奔的少女。要想听到金榜题名的平地惊雷，心中就不要生起淫欲之火。那些落榜后的贫困潦倒者，并不是没有寒窗苦读和满腹文章，他们一辈子艰难困苦，说起来还是由于越规犯淫，自坏节操。可叹这些人不去检查自身的原因，却反而怨天尤人。高中进士的福报，是从心地上种来的；身穿大臣的紫袍，也是阴德中修出。科考场中处处都有神明监察。可惜呀，考卷中字字珠玑，忽然灯灰落纸毁坏考卷；怅恨呀，篇篇文章锦绣，似乎无缘无故被墨迹污脏。其实都是我在冥冥中主持公道，怎么说老天没长眼睛呢？高登金榜前三名的，都是因为有惊动鬼神的阴德；而本来有莲开并蒂瑞兆的，却因为犯淫败节，随即就听到花败榜落的凶信。诸位士子，只要你们坚守节操而不犯邪淫，自然能功名成就，福禄随身。特颁新谕，希望你们都能明白这个道理。”

（现在虽然没有科举考试，但贪恋色欲而折福折寿，是没有两样的。千万不要颠倒地认为如今不同从前，纵然有违犯也不至于影响前程，从而任意胡为。至祷。）

## 戒淫圣训

文昌帝君垂慈训诫说：“我奉玉皇大帝的命令，在每月的寅日和卯日，巡察酆都地狱，考察核定天下造罪人的犯罪事实。见到黑籍堆积如山，那都是世间人的造孽罪案。在天律所定的各种罪恶报应中，以淫罪的处罚最为严酷。奸淫别人的妻女、玷污人家的闺门名节者，在地狱中要受五百劫严厉酷刑，才能出离，托生为骡为马，又要经过五百劫，才能再投生人世，沦落为娼妓等类。那些设计奸污寡妇或尼僧、败坏人家贞操的人，将堕地狱受极苦八百劫，然后投胎为羊为猪，供人宰杀。如此生生死死又八百劫，才得人身，且为瞎子、哑巴；凡是做幼辈的乱伦淫污了长辈亲属，或是做长辈的乱伦淫污了幼辈的子女，败坏人伦，此类人的果报是在地狱中受苦一千五百劫，方得脱生，且为蛇为鼠。这样又经过一千五百劫，才得脱离蛇身鼠身，投生为人。在人中或死于母胎之中，或在怀抱中夭亡，毕竟不能长大。更有造作淫秽图书、坏人心术者，这种人死后堕入无间地狱（受苦没有间断的地狱），直到这些书完全消失，而且看了这些淫书而造罪者的苦报也受尽了，淫书的作者方能出离地狱。

“淫秽图书对世人的危害，实在是罄竹难书。常有名门闺秀、贤淑女子，她们识文解字，或于白天绿树飘拂的窗前，或于夜深人静的青灯之下，偷看淫书，不觉心神荡漾，欲火中烧，因此做出了淫奔偷情的恶行，守节的寡妇由此失去了节操，纯洁的少女由此丧失贞节。更有一些聪明俊秀而有才华的青少年，偶尔看到淫书，立即燃起淫欲妄想，有的发生手淫而不能自制，有的则眉来眼去轻薄地挑逗异性，从而发生伤风败俗的男女关系。从小处看，则由此损伤元阳，摧残了少年的脆弱之躯，导致夭折早亡；从大处说，则渎乱败坏了伦理法度，为人们所鄙视。还有一些人编写传奇故事，当众演出，教使年幼的孌童，表演各种色欲情态，惑乱了他人原本清纯的操守，这样的事，也是数不清的。追究其根源，都是由于淫秽图书所造成的。可叹这些文人，有着多生多世培植的慧根，却不思考如何建功勋于世间，积福德于自身，反而造下无穷的罪孽，惹起上天的震怒。这真是往冰窟火坑里面跳，自己不知珍惜自己，实在太可悲了！

# 戒淫文

茫茫业海之中，最难断除的就是色欲；滚滚红尘里，世人最容易触犯的就是邪淫。叱咤风云的盖世英雄，为此而亡身丧国；才思横溢的文人雅士，为此而身败名裂。无论是从前还是现在，都是一个道理；无论是聪明之人还是愚蠢之辈，都难逃这一规律。何况现今社会，丧德灭伦之风更加炽盛，从古以来的道德准则已经沦亡。轻狂的愚人，固然喜欢沉溺于灯红酒绿，而有智慧根性的文人，也去爱怜风尘场中人。越说克制欲念，而欲念越加滋长，越说戒除邪淫，而淫心倍加增强。在路上遇到美貌异性，总是情不自禁，目注千番；偶然巧逢俏丽佳人，便柔肠百转，神魂颠倒。心神被形骸所役使，意识被情爱所牵缠。遇到偶尔插花戴草的老妇，居然也能把她想象成貌若西施；见到稍稍薰香打扮的丑陋女子，也会迷恋不已，忘掉其东施之形。

岂知淫恶之罪，天地难容，神明震怒！凡是毁人节操，自己的妻女必受同样的偿债；玷污别人名声，自己的子孙也会遭受报应。绝嗣的坟墓里，埋的无非是轻薄狂生；妓女的祖宗，都是寻花问柳的浪子。本来命中应当富有的，则玉楼削去禄籍；本来命中应当显贵的，则金榜除掉名字。活着的时候，遭受各种刑罚；死去之后，堕入三途受苦。风流时的卿卿我我，到此一切成空；过去的雄心壮志，如今又在何处？

普劝青年志士，知识名流，早发觉悟之心，破除色魔之障。要知道，芙蓉粉面，都是带血肉的骷髅；美貌红妆，无非罩了华衣的粪桶。纵然面对如花似玉的女人，都要当作姐妹或母亲看待。没有触犯过邪淫的人，务必深加警惕，千万不要失足；曾经触犯邪淫，造作下罪恶的人，应当立即回头，痛改前非。最后，祈望读者辗转流通宣传，互相劝化开导，必定要使处处齐归觉路，人人同出迷津。

## 戒淫格言

1. 张三丰真人说：人生于天地间，禀承金、木、水、火、土五行之秀，具有刚正的气质。夫妇之道，乃人之伦常。越礼乱伦，则等同禽兽。所以淫邪的行径，是一切有志向、有道德的人尽力戒除的。天下最愚蠢的莫如动物，可是鸠鸟一经相配成侣，则终生不渝；失去配偶的孤雁，独自哀鸣而不再择偶。如此看来，邪淫者不但有负于“人”这个尊称，而且有逊于动物之灵性。

无奈世间迷惑颠倒之众，不知色欲本空，如同梦幻泡影，却被红颜绿鬓所迷，爱欲缠绵，难以自拔。其实人心都是一样的，若能反过来看，就可以醒悟。当你想淫乱他人的妻女时，应该想想，假如我的妻室被他人所淫，枕畔调笑，男欢女爱，而此时自己就在旁边，见到这种情景，必然心如刀刺，眼起烈火，不顾一切地痛打追杀，一刻也不能忍受。如果能将心比心，何至于淫乱别人的妻女还自鸣得意呢？要知道，冥冥之中，天地鬼神鉴临在上，责问在旁，他们对邪淫这种无廉耻、极丑恶的秽行，也一样怒不可遏，一样想要立即砍你的头，割你的肉。哪有不咬牙切齿、怒目而视，想方设法惩戒无耻之徒的呢？于是，一切灾祸，转眼之间就会接连不断地发生。想到此处，能不令人寒心吗？

更何况奸必近杀，邪淫者往往丧身刀剑之下，抛尸于街市之上，不一而足。阳世间的荒淫美梦尚未做完，而地府的铁门已在身后关上。死后化为碧血鬼火，都是邪淫所致，怎么还不相信美人原本是抹了胭脂的吃人老虎呢？即使暂时不至于被杀，但被侵害者的家人，强者会告到官府，弱者也对之怀恨终身，其宗族因此而蒙受无法解脱的羞辱，夫妻也断绝了一世的恩情。死生无常，变化多端，受到羞辱的一方，或暗中伺机报复，或背地里伤心痛苦。其祖辈父辈，本来没有大的过失，牵强附会的人就会猜测他们可能造了极大的恶，才会有这样的子孙来玷污其世代的清名。其妇若是怀了别人的孩子，就更乱了自己的宗嗣。这个孩子长大后，纵然身登仕途，名声很大，但终必是遗臭无穷。因为其出身来历不清不白，既不齿于人伦，亦永传为话柄。所以说杀人的惨毒，仅仅涉及一人一世，而淫乱他人妻女，则如杀人不见血的无形钢刀，不亚于杀人家的几代呢！

总而言之，邪念来自好色，要想断绝淫根，首先严持色戒。只要一好色，必然就好淫，则身已不正，一旦面对柔姿媚骨，便不能自我控制，必然为其所制服。由此不惜徇私枉法，重色轻友，乃至弃自己的父母兄弟于一旁不顾，除了淫欲之外，对其他全都糊涂无知了。对自己的妻妾子女，也失去了管教防范，任其秽乱闺房内室，暗为报应。而好淫者本人，却懵然无知。

好淫之人，子孙必然夭折，后嗣也必不昌盛。为什么呢？因为子孙，是精气神的产物。如今以我有限的精气，供给无穷的花柳，这好比用斧子砍树木，树的脂液既已枯竭，树的果实也必定会枯干乃至脱落。自身的精气尚且消散不能积存，又怎能期望集中于子女之身呢？因此，所生的儿女单薄孱弱，也是在所必然的。受胎既已单弱，而父母的淫欲在孕期内又不能断绝，禀其气受其形，所以儿女大多都瘦弱。再往下传，则薄之又薄，弱之又弱，最后导致断子绝孙，这是自食其果。淫祸的惨烈，怎能说得完呀！

呜呼，人一生寿命能有多长？百年也是瞬间而已。纵然不顾及自己的名节，不珍惜自身性命，难道也不爱护子孙、不虑及宗祀？如果认真考虑这些，一定会追悔莫及，还有什么心思去放纵妄为呢？

至于尼姑寡妇、仆妇婢女、娼家妓院，这些都关系到一个人的名节声誉、身家性命，尤其要明察，这里不再多说。

所以有志向的人，应当以清净为本，以诚敬存心，坚忍操守，决烈立志，心存坚贞不动摇，用清净无染的德行来培养自己。遇到诱惑人堕落放荡的一切图书，都应当付之烈火，为天下苍生造福。凡行为轻佻、邪淫不庄重的恶友，都应当远离，不与其交往。将好色的心思和精神，用之于正道。若能如此，还有什么名誉不能建立？什么利益不能得到？享受不尽的五福，都会降临家门，汇聚自身。这就是我的劝诫。

2. 汪舟次说：在众多的恶业之中，只有色欲之罪最容易触犯。败坏道德、自取祸殃的行为，也莫过于邪淫，所以我们应当时常将“万恶淫为首”这句话反复认真思考。

世间罪恶无穷，为什么以淫恶为最呢？这是因为只要邪淫的念头一生，其他的恶念全都起来了。比如邪淫的因缘没有凑合，会产生虚幻的妄想心；看到无法将人家勾引到手，便生出阴谋诡计心；只要遇到一点妨碍，便生嗔恨心；欲情颠倒，产生贪恋心；见他人有佳偶，便生起妒忌心；妄图夺人所爱，便生杀害心。由此廉耻丧尽，伦理全亏，种种恶业，从此而生，种种善心，从此而灭，因此说“万恶淫为首”。仅仅动了淫欲的心思，还没有造成事实，就已经造作下如此罪业，更何况那些明目张胆、无所顾忌的人呢？常见世上有一种忠厚善良的人，他的后代并不昌盛，还有一种文人才士，一生贫困潦倒，其原因就在这里。现在要想断除其病，就应当在此淫心才动之时，当即斩断毒根。《太上感应篇》中，太上老君不说“私美色”，而是说“见他色美，起心私之”，可见只此淫心一动，就已经造下难逃之罪了。

用刀斧杀人，只祸及此人一身，而奸淫人家妇女，却毒害了人家的数代人。不仅她的丈夫脸面丢尽，终生抬不起头来，而且这个女子从此也难以做人，上至公婆、下到子女，也无不蒙受耻辱，痛入心脾。更有丈夫怒杀其妻，父亲毒死其女，甚至因此而断人子息，绝人宗祧。人啊，应该想想片刻的欢娱，究竟能值几何？而将良家妇女无端地诱入火坑，且不说冥冥之中的因果报应是如何昭彰无情，只说你现前的存心也太残忍了吧。

守寡孀居，苦志守节，本是一片坚贞之心，受到天地鬼神的钦敬。如今你同她眉来眼去，致使她魂摇魄荡，不能自持，以前含辛茹苦的节操，一时丧尽，其罪大恶极，再也没有比这更严重的了。至于淫乱闺中秀女，且不说使其臭名远扬，人皆唾弃，即使有人娶去，往往丑行败露，赶回娘家，使她的父母兄弟一家蒙受羞辱。有的女子羞愤难当因而自尽身亡，有的悲愤郁结于心，伤身病亡。作为一个人，你与她到底有何冤仇，非要造作此等害人害己的蠢事呢？

女子一般感情重于理性，有的因一时的爱慕之心，而轻率地以身相许。有的年少无知，受到奸人的引诱而失身。可怜无瑕白玉，顿时受到污秽，即便后来悔恨，但洗刷今日的罪孽又是何等的艰难！甚至更有一种少女，一朝被诱奸，而从此堕落，廉耻丧尽。邪淫之祸如此惨烈，实在叫人寒心。所以古时有道德的君子，就是被女人拉着衣袖强相邀请，或掀开他的帷帐非要委身，也无不严加拒绝，正言斥责，使心荡神摇而不能自持的女子，当下欲火熄灭，进而对她婉转开导，讲色欲之利害，指示欲海回头的做人道理。如果她能收拾芳心，保全贞节，那么不仅她本人，就连她祖上数世的阴灵，也都受到这些仁人君子厚德的惠泽呀。

至于丫鬟和仆妇，是最容易遭受奸淫的。岂不知这些人，本来也是良家女，只因家境贫困而当了下人。原本是因贫穷而谋条生路，谁知无德的主人，不仅奴役她们的身体，还淫乱她们的贞洁品行。那些家政不清净、家庭不和睦的，大多是由于这个原因。或者是妒忌的妻子鞭打丫头或仆妇，以致伤害她们的性命；或者是凶悍的奴仆反咬其主人；或者是父亲和儿子共淫一女，或者是哥哥与弟弟同宿一妇，迷迷糊糊互不相知。若是这些奴婢怀了孕，生下的孩子，也就沦为下人。由于后人不知情，便有乱伦的发生。名分是主仆，血统上是兄妹。因此伤风败俗、损德乱行，实在不忍再说了。

更有一种恶徒，打着学佛的旗号，趁机引诱佛门僧尼，玷污佛地，败坏清修，比起一般的邪淫，更是罪加百倍。

还有一种狂痴之人，同性相恋，假借交友为名，暗中却同夫妇，彼此双方都将遭到众人和正士的鄙弃。更有等而下之者，玩弄少年优伶，狎昵漂亮仆人，心神因欲望而迷乱，内外的界限就不分，将祸水引入家门之内，那些淫乱之徒必然乘风纵火，做出难以预料的丑事。

还有人纵情于青楼妓院，自以为是风流逸事。岂不知妓女以下贱的身子，给你的百般温柔，无非是诱你入火坑的钓饵罢了。一旦落入陷阱，即使天生禀性极聪明的人，也会迷惑颠倒，丧失清明的心志，荒废自己的事业，倾家荡产，沦为匪类人渣。何况再遇到有痨病、疮毒的妓女，更会使自身受到传染，眉毛脱光，鼻子烂掉，既痛苦难堪，又被亲戚朋友耻笑、妻子儿女所憎恶。就算求名医治疗，保住性命，而遗毒内伤，多数人不能生育。即使还能生育，生下的孩子，由于先天已受毒害，往往发生怪疮恶疽，以致早年夭折，不能长大成人。等到灭门绝户，再后悔也来

不及了。

3. 颜光衷说：少年的思欲之心如果任其发展，那什么事做不出来？好比贪图享受口腹之欲的人，越吃越馋，越放纵就越贪吃，如果能极力克制，则口味逐渐清淡，贪吃的心也就渐渐减弱了。而世上竟还有这样一种肆无忌惮的歪理邪说，更加助长了这种色欲之心。他们鼓动说，只有聪明慧性的男子才能风流好色。可叹呀！鹌鹑是非常淫乱的鸟类，狐狸善于求爱献媚，难道也是由于具有聪明慧性才能这样的吗？人如果放纵无礼，为所欲为，则与这些禽兽有何不同？少年有才之士，若是侵犯了良家妇女，则有鬼神阴谴和杀身之祸的可怕后果；若是依仗自家富有嫖娼放荡，则有败家和恶疾的忧患。既然危害这样多，何不逐步忍耐戒除，免得将来后悔莫及，而又能多积些阴德呢？那些宣扬蛊惑人心邪说的，当知其恶报与以上所说的淫乱罪人相同。

自古放纵情欲，诱导淫乱，没有比市井场所更厉害的了。他们聚集在一起闲聊，不是谈论男女之事，就是结伴浪迹花街柳巷。如果有女人无心看他一眼，他就以为是对他多情的顾盼；路上与女人相逢，他便认为是艳福奇遇。把偷香窃玉当作趣事，把伤风败俗的邪淫丑行看成平常，彼此影响，相助成风，毫无顾忌。岂不知人不能一心二用，如果花街情深，必然导致抛弃正业。经商的，资本渐渐消减；拿薪水的，生活越来越艰难。而且由此恶业日日增长，罪孽就天天加深，明显的报应是倾家荡产，生意失利，徒劳奔波；暗地里，上天也削减他的福报和寿命，丧尽命中本该有的荣华富贵。所造成的后果，从大的方面看，父母无依无靠，肝肠寸断；从自身方面看，身败名裂，流离失所，可叹！甚至有的恶行败露，被人凶杀，七尺男儿之躯，顿时化作刀下之鬼。祸淫报应如此明显，为何还有人动辄说是迂腐之谈，而心甘情愿沦为社会败类呢？

世上的人，常常喜欢当着青少年的面，将社会上的淫乱事作为谈笑内容。青少年哪里知道利害，听了这些污言秽语，使正在发育成长中的稚嫩心灵，跃跃躁动，欲火中烧，因此凿破了血气未足的天真之身，枯竭了尚未成熟的精髓，以至于渐渐成疾，甚至夭亡。他这一生的灾祸，就是从听了那些人下流谈笑的鼓动开始的。唉！人在世间，尤其是成年人，不能对年少之人善言规劝，已经不是益友，更何况又以淫言秽语诱导他们。那万劫难出的拔舌地狱，就是为此等人准备的。

前贤说，看淫书有五大害处：①妨碍自己的正当事业；②耗损自己宝贵的精气神；③迷乱自己的清明心志；④这种坏书若拿给朋友看，则害了朋友；⑤若被子孙偷去看，则害了子孙。又劝诫说，谈论淫秽之事，有三条罪过：①传扬了别人的丑闻；②损害了自己的道德；③亵渎了天地神明。

有志之士应当以身作表率，并且见人读艳情小说或谈论男女之事时，引述福善祸淫的事例恳切劝说，或在人多之处，正言相告，或单独相对，善言劝谕。不要怕被人家嘲笑，也要不怕那些无知之辈说迂腐保守，如此时时处处方便劝导，那么千百人中，必然会有受益的。

近来色情小说，在街头巷尾出售的很多，那些下流不堪、难以说出口的淫词秽语，竟公然写之于笔头，出现于书中。即便是一些自命为高雅的文学作品，也无非是些偷情私会、败名丧节的苟且之事。而故事的最后，这些越礼败德的男女之流，竟然还能得到荣耀显贵、美满团圆的结局。在小说中，把那些内室闺门的丑恶之事，说得美丽动听，毫不足怪。一些无知的闺中少女，读了这些坏书，心神颠倒，错误地认为那是才子佳人的风流逸事，于是深生羡慕春心，不由做出了丧身失节、玷辱家风的丑事，其羞辱真是万年难洗。至于此等淫书，刺激青少年的情欲、助长愚人的妄想等种种祸害，更是难以说尽。还有春宫淫画，更加诱惑世人落入火坑，造作罪业。以上这些都是流毒世间、毒害人心非常可怕的东西。要是那些身居官位，对出版发行行业有权力、能监督建议的人，能对这些淫秽色情书画严厉禁止，追查搜寻印制的场所和发行窝点，严厉打击，将淫秽书刊及印刷版样一概销毁，那么对社会道德风尚的好转，真可以说是功德无量了。

4. 乐圃朱善说：合法夫妻之间的房事，本来不是邪淫，但乐不可极，欲不可纵。放纵情欲就会酿成祸患，欢乐至极，必生悲哀。这些，古人早就反复劝诫过了。人的精力是有限的，而欲望是无穷的，现以有限的精力，去行无尽的淫欲，难怪有人年纪轻轻却突然早逝，有人年岁未老就早衰了。何况身为成年人，上要奉养父母，下要抚育儿女。大的来说，关乎功名事业，小的来讲，也是一家的顶梁柱，责任都不在小处。如果对这些一概置之不顾，只贪图自己一时的欢乐，不顾以后的忧患危险，你说这是什么人呢？自古少欲之人容易生育，而贪淫之人常见绝后。这是因为自身精力衰薄，所以子女难养难成，导致子孙稀少体质单薄，甚至灭绝了后嗣。放纵淫欲所造成的可悲后果，哪里说得完啊。

5. 周思敏说：人生在天地之间，之所以能成为圣贤豪杰，都是由于他们有非凡的作为和至高的德行，所以才成为千古留名的伟人。然而应该明白，一个人必须有十分的精神，才能做得十分的事业，如果不知道节制情欲以保守其精神，纵然有天大的理想和志向，但由于心神昏散，心力倦怠，没有不半途而废的。

如果欲火常常焚烧，精髓就容易枯竭，聪明智慧则被障碍，思维能力也必然降低。常见一些原本很有才干的人，由于纵欲，不过几年时间，就变成庸才废人了，还有的渐渐染上疑难病症。其实，不见得纵情色欲会如此，哪怕只在自己独居时，辗转一念淫欲之心，就足以丧身失命而有余了。故此孙真人说："莫教引动虚阳发，精竭容枯百病侵。"就是这个道理。

色欲是少年人的第一关，过不了这一关，无论他才学多么高超，都不会有什么大作为。因为万事以身体为资本，血肉之躯之所以能够长时间存在于世，是由于精、气、血的作用。血为阴，气为阳，阴阳凝结成为元精。元精含于骨髓之中，上通脑髓，下贯尾闾，是人身的至宝。因此只要元精不枯竭，人就耳聪目明，体魄强健，好比水能润物，因而万物都能得到养育；又好比油能养灯，油不干，灯就不会灭。所以，古代儒家都认为心火下降肾水上升，相互协调才能养生。因为心是君火，火性是上炎的，容易乘尚未成熟稳定的少年血气，引发出强烈的淫欲心念。由于君火一动，则肝肾的相火全都被牵动，结果肾水遭到耗损，就泄漏于外而枯竭于内了。男孩子十六岁精水才通，所以《周礼》记载男子三十岁以后才结婚，目的就是要使其坚固筋骨，保护元气，而且此时血气已稳定，不至于像少年那样容易受到致命的损耗。近来，男女结婚婚龄过小，其筋骨尚未坚固，有的没有娶妻前就先染手淫等恶习，自拔本根，而结婚之后更好比用刀斧砍伐刚刚发出的新芽，要不了几年时间，就精血亏损，萎靡不振，外貌虽然还像一个人，但名字已经登记在鬼道的名册上了。造成这种悲哀的后果，固然是子弟本人没有出息，贪恋欲情，但同时也是由于父母兄长事先没有作明确有益的教导所致。今提出三大准则以作防范：①让少年子弟勤恳从事本职工作，以劳其心；②做到男女有别，防患于未然；③注意教导，使其谨慎交友，以断绝邪友恶境的诱惑。如此内外预防，再加强自身的修养，必定会使青少年的道德品行日益进步。这样父母兄长才算尽到责任了。

要想戒掉淫行，必须先从戒除淫念开始。因为淫念一生，淫行就随之而起了。那么淫念如何遏制呢？首先，道德败坏的朋友不能接近；其次，邪淫污秽的场所不能进去，色情图书千万不要随便翻看，无耻下流的污言秽语不要去听。这是因为，你只要接近恶友，那些道德品行良好的朋友必然与你疏远，离你而去。而在坏朋友的影响诱惑之下，自己不知不觉逐渐走上歧途，最后堕落为下流之徒，从此无廉无耻，放荡纵欲，无恶不作了！而那些邪淫污秽的场所，只要你进入其中，那么，正念就难以保持，触邪境、遇恶缘，自然而然，心跳耳热，把持不定。只为片刻的游乐，而导致终身的悔恨。想到此处，还能不引以为戒吗？至于色情图书，污言秽语，那不过是下流文人的把戏和无耻之徒的玩笑闲谈，这些人想编造故事，自然把结局说得美好圆满。其实这些都是他们挖空心思瞎编乱造出来的，怎能信以为真呢？一些人自恃有定力，认为偶尔翻看一下色情小说，或听一听污言秽语，也不会有什么妨害，不会使自己动摇。殊不知那些淫邪的东西无孔不入，遗毒在你心中已经不见形迹地暗中滋长起来，清醒的理智堤防已逐渐千疮百孔了。

总而言之，守护身心的妙法，就是宁可作过头的防范，不可稍有放纵自己的念头；宁可让人笑我呆板保守，也不可自命圆通。假如在平时不严格持戒，怎么能够保证面临恶缘邪境的时候，不会失足丧德酿成千古之恨呢？

6. 赵鸿宝说：戒淫止欲一事，真是说着容易做着难，只要念头稍有放纵，就沉迷难以回头了。要使心中的每一个念头都能坚忍，无论面对什么情境，都不会改变，那就只有在日常生活中，经常读诵前圣先贤的训诫教诲，把那些修身进德的嘉言集录，作为座右铭，时刻警醒自己；清心寡欲，心中对礼义道德、法律风俗和祸淫福善的事理因果，都了了分明。如果偶尔动了一下邪念，当下痛切忏悔，立即斩除。这样，即使面对引诱你的恶缘，自然能够猛然省悟，不会迷失。至于男女之间，务必要保持距离，避免招惹怀疑，即使是至亲至厚的亲属关系，也必须内外分明，自己的一举一动、一言一行，都不能随便。如此，妄念邪心自然就不会萌发了，这就是正本清源的最好方法。

人最容易被诱惑失足的时候，就是在面对美色的时刻，心中勃然难以克制的一刹那间。如果此时能想一想，古人之所以能闭目不窥，坐怀不乱，也不过是将那片刻的邪念制伏得住而已，而因此获功名，得显位，光宗耀祖，造福于子孙后代。比起那些半世寒窗苦读，以及用其他方法积累功德的人来说，真是事半功倍。所以何苦贪恋片时欢娱，而抛弃了盖世的功名，招致终身毒害呢？如果此时把持不住放纵情欲的话，那粉白黛绿的佳人转眼成一场春梦，而自己却因此被上苍减寿夺禄，甚至被杀身丧命，并且命中本该富贵的，改罚为贫贱，命中本该有儿子的，被惩罚为无子嗣，而且还要遭受妻女淫荡、子孙后世穷困的报应，如此种种罪孽祸根，不一而足。到了此时，岂不悔之已晚！

现今的人，在日常生活中，自己的言语行为都不知道谨慎，或是当着孩子的面，夫妻嬉笑打闹；或畜养小老婆，并任她们妖艳打扮；或放纵自己的妻女出外观光游览；或家中的仆人与婢女犯奸，而不严厉处罚禁止。如此种种不庄重、不严肃，怎么能管理好家庭呢？如果身为一家之主，自己能清心寡欲，不轻妄说笑，内外有别，防范措施得力，则家门之内，和睦幸福，夫妇相敬如宾，能不令人肃然起敬吗？

7. 姚庭若说：如果一个人能保持一生的节操，不造淫业，这也只是完成了自己一人一身的人格和事业，哪里比得上一劝十，十劝百，百劝千，将这些戒淫劝善的善书、嘉言，永久地流传于后世，使世人一同获得善报、一同证得善果呢？这就好比播种一样，春天播下一升种子，秋季可收获一石，如果播下的种子无穷，则收获也无穷；但是必须辛勤耕种，不要让田地荒芜了。又譬如传递灯盏一样，一盏燃烧的明灯，依次而下互相点燃，结果百千盏灯全都燃了、亮了。燃灯无量，光明也无量。但这光明的灯盏，一定要从我这里继续传递下去，千万不能到我这里就灭了。不要怕没人听从，就怕我们不去真心苦劝。真心苦劝而毫无响应，就好比播下良种不见发芽、油灯互相点燃不见亮光。实际上有这样的吗？

从前，莲池大师的弟子王大契，曾请问大师：“弟子自从看了师父的《戒杀文》后，立即就长斋吃素了；但只是色欲炽盛，不能消除，还请求师父慈悲教诲，使我等凡夫明白所谓的淫欲快乐，其实就如同杀生害命一样的惨痛。”莲池大师回答说：“杀生时被杀的众生非常痛苦，其惨状显而易见，所以杀生的惨痛果报也容易被人了解。淫欲有短暂的乐趣，所以说纵欲的后果会伤身害命，人就不容易相信。现在作一个比喻：如果公开地把毒药放进粗劣的食物之中，人见了一定会厌恶、畏惧不敢去吃，这好比是说杀生的惨痛；而如果暗地里把毒药放进美味佳肴之中，贪图口腹滋味者不觉中毒身亡，这是色欲的惨痛。切望有智慧的人深思其义！”

世人看到美色而生起邪念时，种种的恶念都随之而起。恶心既生，良心就被遮盖了。只有在邪念突发、不可遏制的一刻，想到人终有一死，或回想自身以往的患难和病苦，那么邪念必能淡然而止。或者想这个美丽的女子死后的情景：腐烂的皮肉，败露的枯骨，臭气熏天，不敢近前。这下就应当明白，眼前的娇艳风姿，无非是暂时的幻象，千万不要当真了。再不然，则想我既然爱这女子，如果今日毁坏了她的名节，从此她一定难以做人，就像肮脏的粪土一样为人所不齿；若今日保全了她的名节，她就会像珍珠碧玉般的完美无瑕，于是就怜悯她，爱惜她，成全她。

愈是爱她，就愈不忍心玷污她，如此必定肃然生起敬意，不去相犯。或者想我若是贪图这片刻的欢娱，就会被折损功名，削去富贵，夺去命中该享的寿算，甚至遭到杀害，断绝子孙后嗣，败坏自己以及祖上的名声。种种灾祸，都将由于邪淫贪色而造成，如此必定会猛然觉醒。再若不然，就想羞耻之心，人人皆有，而女人失去贞节，只是由于一时的颠倒迷惑，等到丑闻传出，定被父母、兄弟所憎恶，被公婆所厌弃，被邻里亲朋所耻笑。那时往往悔恨无及，自寻短见，含怨丧命。甚至更有因怀孕堕胎，而导致母子俱亡的。那样的话，冥冥之中的索命怨魂，岂肯相饶！这样一想，就会有所畏惧而熄灭淫心。又再不然，就想这样的人能背着丈夫与外人鬼混，使自己的丈夫蒙受羞耻，其心太狠！她对自己的丈夫尚且如此负恩无情，更何况是外人？所以应当将此等女人，当作豺狼看，当作蛇蝎看，当作勾魂的怨鬼看，当作前世的冤家看，这么想也必然会小心警惕，戒惧不上当。看到人家的女儿，要当成自己的女儿一样怕被恶人侵犯；看到别人的妻子，要当成自己的妻子一样怕人玷污。当人在动邪念的最初时刻，就要警告自己说：我奸淫别人的妻、女，假使我的妻、女也被他人奸淫，我又将是什么心情呢？反过来这么一想，淫心自然遏止而当下消灭，这是熄灭欲火最快速的良药。而且凡是侵犯他人女儿的人，自己的女儿没有不被他人侵犯的；奸污他人妻子的人，自己的妻子也没有不被别人奸污的。这种种的因果报应，不必验证于古代，只要留心现时周围的桩桩件件，就明白天道的报应真是不差分毫。看已经受到恶报的淫人，个个都是如此，便知还没有受到惩罚的淫恶之人，也必定是个个如此。古诗云："劝君莫借风流债，借得快来还得快。家中自有代还人，你要赖时他不赖。"此言阐明因果十分真切，的确唤醒了不少梦昧中的迷人。

8. 吴泽云说：一个人，自从禀承父母之气而形成人身之后，最重要的莫过于生命了。然而，人若连身体都不能保养好，怎能保护好生命呢？既然知道要保生命，当然也就能保养好身体了，这是不变的道理。色欲好比锋利的刀刃，碰到必受伤害；色欲好比剧毒的鸩酒，喝了就会毙命。虽然夫妇同室，为人伦正理，但如果夫妻的性生活不知节制，不知禁忌，也会造成伤身害命的无穷祸患，而世人却将此惨毒的祸事，看成是快乐的美事，不加克制，随意放纵。为什么会这样呢？这是因为进德升华生命的人生目的已经被世人遗忘，邪淫之念就借着种种歪风邪气等恶缘而生起。年轻力壮之时，沉迷于种种邪淫之中，将自己宝贵的精气神消磨于色欲之中而在所不惜，甚至把钻洞翻墙的偷情丑行当作美事，把宿娼猥妓自夸为风流。更有甚者，在自己的妻室儿女面前谈论淫事而不知忌讳，在女性亲眷前轻浮不严肃，随意玩笑。由此渐渐门风败坏，道德丧尽，家庭亲友之间越轨乱伦，种种不知羞耻的禽兽行为时有发生，被人耻笑；而其人竟不以为耻反以为乐，待到陷溺已深，精髓枯竭，志气消磨，耳目昏花，身体枯槁，人格卑劣，一切虚弱瘫痪等疾病，乘虚而入，百病丛生。一生大好的事业，无限的希望，全都落空，化为乌有。甚至到最后，中年早夭，堕入三途。还有的死不得其所，又遗害于子孙。造成这些祸殃的主要原因，就是不能节制色欲。这种人真是把自己宝贵的生命当成儿戏呀！

世人往往对钱财看得很重，分毛之财必争，千方百计经营，量入为出，生怕不够用。而且对那种不知节俭、随意浪费钱财的人，大家都指责他是败家子。身外之物的钱财，世人如此珍惜，比钱财更为宝贵的精神，却很少有人爱重，纵欲对于人精神的损耗，也很少有人关注。殊不知钱财光了要穷，精气耗尽了要亡，如果任性放纵，完全不知爱惜，一旦精髓枯竭，水干火盛，一切药物都失去了作用，后悔也来不及了。苏东坡说："世上伤害生命的事情不止一种，而贪淫好色是最要命的。"人的身体，神以御气，气以化精，精神充实，则筋骨强壮，完全可以大有作为。若是淫欲无度，必然精气耗散，神不守舍，疾病丛生，而不日死亡。因此，对于淫欲一事，千万要慎重对待。

人的身体发肤，都来自于父母，不仅不敢毁伤，还要很好地爱惜它，所以节欲保身是孝顺父母的第一要事。所谓毁伤，哪里仅仅指断手断腿呢？一颗优良的小树苗，当它正在生长、蒸蒸日上的时候，一定要严禁砍伐，朝培夕护，细心照料，然后它才有希望长成枝叶繁茂的大树。同样，青少年正当发育成长之时，筋骨尚未充实，血气还没有稳固，此时若过早地沉迷淫欲之事，丧失先天的元气，必将导致形容憔悴，身体枯瘦。由于身中精华耗损，必然百病丛生。如果子女到了这种地步，做父母亲的，也只有泪眼相对，惊惶失措，束手无策了。这里暂且不说邪淫是如何损伤阴德，而遭上天削减寿命的，只谈你因自己造下罪孽，却给生你养你的父母留下这肝肠寸断的无穷隐痛，就非常不应该了。古时候的人，半步也不敢忘记父母，因为自己的身体是父母遗留给自己的，所以不敢去做冒险的事情，更何况邪淫纵欲而玷污清白、损害身体呢？那实在是不孝啊！

有些轻薄不规矩的少年，到了亲戚家，就去偷看人家的闺房内室，或是观察动静，侧耳窃听。若是在走路时遇到了美丽的女子，就停住脚步，色迷迷地盯着看，或尾随其后，打听此女的姓氏家族，甚至把自己的所见所闻，向同类的无聊闲人肆无忌惮地渲染嘲笑。请问，这是何居心？古代操行高尚的蘧伯玉，就是在黑暗无人的处所，也不使自己的行为稍有随便；司马光先生平生光明磊落，所做的事没有一件是不可以对人说的。如今，就在光天化日之下，众目睽睽之地，有人竟如此放肆无礼，真是恬不知耻！这样的轻狂，世间的正人君子都看不过眼，还能不触犯鬼神的愤怒吗？在日常的交友往来中，若有此等低劣之辈，应及早与他断绝联系，不可同他有一日的交往。

9. 毕忠告说：如今世界之所以黑暗污浊，更多的青年男女败坏名节，并由此而丧身失命，究其根源，都是由于淫书淫画的毒害所致，且看近年来新出版的艳情淫秽书画的数量之多，（此种坏书，每出版一本，不知害了多少人。而作者本人，却往往自圆其说，说这是揭露阴暗面。而实际上，却成了诱导淫乱的邪法。历来的政府都严禁出版、发行淫秽图书，但总是有一些不法书商，阳奉阴违，暗地里出售，为了一点点个人私利，就不顾天理良心，干这种流毒社会、危害青少年的罪恶勾当，实在可恨、可叹！）真是层出不穷。少年男女，见了报刊登载的图书目录、简介五花八门，而其内容又说得天花乱坠，在好奇心的驱使下购买回来，自己看了不说，还免不了借给同学同伴传阅。这些年少之人，读了这类坏书，目醉心迷，神魂颠倒。胆小者，虽不敢轻易尝试，但那稚嫩的身体，已因意淫缠绵而在无形之中深受损耗了。而有些胆子大、意志薄弱不能自持的人，就会去尝试。若一失足，必然带来祸患，小则失学失业，耗精耗神，（精、气、神是人身的三宝，如果人身的根本已经亏损，则百病随之而来，怎么可能长寿呢？）大则倾家荡产，甚至丧失生命，断绝子孙宗嗣，到了那时，追悔莫及。当今上海的淫风甚烈，超过了其他地方，那些藏污纳垢、诱惑人落入陷阱的色情场所和信息到处都是，熏染人的耳目。即使平时意志坚定并能自重的人，都不免受到恶友的怂恿而失足，何况其他人。因此我说，淫秽书画，实在是杀人不见血的利刀，但愿青年子弟、闺中少女，见到此等坏书，一定要撕碎毁掉，千万不要看，遇到此等坏友，不要理睬，决不交往。还希望大家要互相警戒，切不要接近那无形的杀人险地！

今天我在此向出版界、作家界九磕头说："谁没有子弟，谁没有妻女，你能忍心使自己的亲人跌落黑暗之中，陷入死亡之境，而断绝子孙吗？"我又向各学校校长、各位家长、各书店经理九磕头说："请各尽其职责，务必随时进行严格检查，对学生、子女要循循劝导，使这些青少年出离黑暗，避免堕落。"当然，堵塞黄色书画的源头，仍在出版界、作家界是否发善心推行高尚的职业道德。假如采纳我这浅陋的意见，出版界销毁淫秽书画的印制版，使其无法面世；作家们从此绝笔，不写不画不制作此类作品，那么我相信，这些大积阴德的善士，他们的子孙后代必有福报。如果借口说黄色书籍中，也隐含善恶有报的因果报应，读这些书的人自然能引起警惕，不敢妄动。请问，世上哪本书不含有因果报应的说法？为什么只看见那些读了淫书的人沉迷堕落呢？

我向写艳情小说的作家、绘制淫画的美术家拜手稽首说："手握金笔，又有才华，还愁什么得不到呢？何苦写此色情小说、绘此色情图画，自污其心，自污其名，而将社会引入黑暗，使人民陷入没落呢？而你所得到的，仅是蝇头小利呀！"积阴德获福报的因果理论，虽然现代潮流很少宣讲，但五经四书，从古至今的那些智慧超群的大通家，无不竭力提倡，著书发挥，怎能因现时潮流不相信，就认为因果报应没有呢？若人犯了淫恶重罪，生前会遭受各种各样折福折寿、断子绝孙的报应；死后必定堕入三恶道，长劫受尽极苦。我的同胞们，还不深生畏惧吗？

我恭敬地析求上海的大德长者们，若认为我的意见不是荒谬的言论，恳请召开大会，集思广益，妥善筹划解决这一问题的有效办法。这样做，不只造福于一方，而且能兴起讲礼义道德的风气，人人景仰遵从，那么天下的骨肉同胞，无不承受深恩厚泽。想到此处，我不禁馨香百拜

祈祷祝愿之。

10. 黄孝直说：《论语》中说，人在少年时期，血气未定，一定要严戒色欲。但古代圣贤并非只强调青少年时期要注意，在人生的整个阶段都要慎重色欲。《礼记》说，古时平民百姓，不是到了五十岁还没有生儿子的话就不会娶妾。由此可知，古人一般不娶二房。又说，男子到三十岁方才娶妻。古人的不贪色，可想而知。又说，诸侯不娶自己境内的女子为妻。古人不因贪美色而夺人之妻，这也可想而知。古时的帝王在春分、秋分、夏至、冬至的日子都闭关修行，古人重视清心寡欲也可想而知。可是孔子，对这些一概不说，却特别提出，人在少年时期，血气未定，应当严格戒除色欲，可见他非常重视青少年的这个问题，也非常担心这个问题万一处理不好，对个人乃至民族的延续十分不利。因为少年时期，和草木刚开始生长萌芽以及虫类正在潜伏冬眠的状态一样。当草木刚萌芽时，就去折断幼苗，那就没有不干枯的；当虫类在冬眠期间，去挖掘它蛰伏的洞穴，虫类没有不死亡的。圣人提醒少年之人，要他们竭力控制色欲的念头，目的是让他们知道利害关系而能够自我珍惜，从而保护正在发育成长的稚嫩身体。若少年时期，能够面对色欲一关，把得固，截得断，成年之后，由于精神没有受到亏损，则能浩气充塞天地，那他就可能精神饱满地经国治世，建功立业，干一番轰轰烈烈的事业。这些高尚的道德，广博的学问，都仰仗于少年之时严戒色欲打好的基础。退一步说，即使不能有多大作为，也会尽享自然寿命，不会半途夭折。青少年们，要好好思考这个问题。

父母疼爱儿女，自小在各方面都严加管教，可是对色欲不谨会伤身害命的重要事情，大多数父母却不能明确地进行教育。这是为什么呢？究其原因，或者是认为孩子在没有结婚之前，年纪还小，这方面还没有开窍，不可以明说；等到儿子娶妻后，又认为他已是大人了，再说又碍媳妇的情面，不方便详说。殊不知子女年纪轻，社会经历不深，对于那些从古至今由于贪淫好色而招祸死亡的报应事实，还没有亲眼目睹、广泛听闻，因而还不大相信。加上又不去详细认真阅读远离色欲、戒除邪淫的善书，再加上世俗的邪说和恶友的胡说，于是就认定性生活是快乐的事情，因此恣行淫欲，导致伤身毙命。由于不教子女而绝了后嗣的人多得不可胜数，实在是可悲、可惜，使人落泪呀！当父母的人应在子女十四五岁时暗中留心观察，了解他的兴趣和爱好。如果子女开始进入性发育期，就要在其换洗衣裤的时候，仔细检查，是否有遗精等污迹。若发现有这种情况，马上援引古代圣贤的训诫，对他明讲，详细告诉他好色必死的道理，引证因好色而导致惨死之人的事例，使子女知道利害，这样就能保养精神了。若是已经娶妻，尤其应当不怕烦琐，婉转开导教育，父亲劝勉儿子，婆母劝勉媳妇，并且尽快将远离色欲、节制性欲、戒除邪淫的各种善书，给媳妇讲解，使其媳私下规劝丈夫。万万不可因为懒惰、怕麻烦、碍于情面等，而造成终生的痛悔。

淫祸最大，这不单单是指邪淫，就是与自己的配偶之间，如不节制，或者在独居时心中思想淫欲之事，都足以导致疾病而丧失身命，实在是不可不戒呀！有关道教的书上说："如果淫欲的念头不起，则人身中的精气舒布五脏，荣卫百脉。如果淫欲的念头一生，则欲火旺盛，敛缩聚合五脏，精髓流淌，从命门宣泄而出。即使还没有泄出，由于淫欲的心念发动，就像用烈火烧锅里的水，立刻见到水迅速消失，要不了多久，就水干锅炸了。"这就是说明淫念足以伤身的确实依据。我愿世人自己诊断自己有无贪恋色欲之病，有的话要自己治疗自己。对治的方法主要是端正自心和敬畏天地鬼神。

青少年在新婚之时，性欲正旺盛，如果不加以节制，往往就在此时种下了死亡的祸根，而缩短了自己的年华，真是太痛惜了！从前有一青年学子，新婚不久就离家进城应考，在城里独宿几日，难耐寂寞，考完试还没有发榜，就急忙返家，一天步行百余里，直到二更天才到家。他的父亲怒斥道：“你一定是在城里惹下祸，才连夜赶回家来躲避。”说罢，命家人将他双手反绑，关在仓库里，并叫人拿来棍子，说：“明天定当以家法痛责！”第二天，父亲很迟才起床，放出儿子，什么也没有说，也没有责罚。这个青年刚到家时，性欲正浓，谁知突遭父亲怒骂捆绑，一夜惴惴不安，直到天亮被放，也不明白父亲到底是什么用意。而当时与他一同赴考、一同返家的同窗好友，由于当夜与妻子同房，第二天便死了。这是因为一天步行一百多里路后行房事，虚脱而死。此时这青年才恍然大悟：父亲故意冤枉我，实是爱子心切，用心良苦啊！

古时的人说，真正孝顺父母的人，会用心去观察，在父母还未表现出来、未讲出来之前，就已经觉察出父母的意思，从而使他们心满意足。因此也可以想见，父母疼爱儿女，更是无微不至。子女平常的房事不节，尚且让父母如此忧心，更何况偷情邪淫，更是危险百出，真可谓风霜饥寒逼迫于外，惊惶恐惧交织于心。对于这样的子女，做父母的更加百倍地焦虑忧愁。做儿女的人，如果明白了这个道理，就应当将父母的爱心，化为自我珍惜之心，远离邪淫，节制正淫，那么健康长寿就可以得到。

11. 黄书云说：所谓邪淫，指凡是别人的配偶和子女，我用邪恶的心去侵犯了，就叫邪淫。而对自己的配偶，凡在不适当的时候（经期、孕期、产后、哺乳时、疾病中、斋戒日）、不适当的地点（不适交合的处所），或对其身体有生死重大关系的时候，或圣贤、神明的诞期，而行欲事，也都属于邪淫。至于娼妓，由于她们过去造作恶业，所以今生沦落为妓女。如果不生怜悯心，反而与其恣行淫欲，则必定损德行招恶报，后果堪畏！如果侵犯少年儿童、强奸未婚女子、淫乱寡妇、奸污尼僧，这种恶行，禽兽不如，人神憎恨，上天不容！因此应当猛然醒悟，深知畏惧，严格自律，谨慎把持，千万不要触犯。还有的人淫及动物，紊乱伦常，这种无法说出口的无耻行为，竟然也有。可叹呀，人心之坏，至极无加！此种人死后，不仅他自己要堕入畜生道受其恶报，还要殃及子孙后代。

12.《太上感应篇》说："见他色美，起心私之。"只这一念就已经造下了罪业。起心尚且不可，更何况是造成事实，甚至习以为常呢？古人在面对美女主动献身时，都有拒绝接纳以保清德的，而我却千方百计图谋女色；古人有昏夜拒绝私奔而来的美女的，而我却强行逼迫而行奸污；古人有得知刚买来的美妾是遭难人的妻室时，赶紧将此女归还人家，并把此女的卖身钱作为礼物奉送给她的，而我却想方设法去挑逗人家的妻妾；古人有做主人的捐钱资助婢女出嫁的，而我却仗势奸污婢女下人；古人有出钱替人赎身让妓女转作良家妇女的，而我却乘人之危威逼良家妇女；古人有捐钱保全他人夫妻使不离散的，而我却离间别人夫妇之间的感情而充当第三者；古人有出财帮助别人嫁娶的，而我却用阴谋诡计破坏他人的婚姻。邪淫丑行，若是外人不知的，则成为闺门的羞耻；若传扬出去，则连累全家人受耻辱。此女轻则终生悔恨，重则有性命之忧。生前则负疚于天地鬼神，也无脸面对其丈夫、父母、儿女；死后沉沦于恶道，而相连以入于地狱、饿鬼、畜生之中。我的罪孽诚然是逃脱不了的，而她的怨恨始终也不能消除，乃至生生世世常为恶缘而纠缠不休，连累子子孙孙都受其惨报。片刻的欢娱有限，多生多世的罪业恶报无穷。总的来说，都是由于我们把虚妄的水月镜花当作了真实，沉溺于无边欲海。其实风流孽债，大可不必欠下。一定要看得破，才能忍得过；若是忍不过，那还是因为看不破。若一时无法照破色欲本空，可以把别人的妻子女儿，当作自己的眷属看：年纪老的，看作自己的母亲；年纪大的就是姐姐；年少的，就是自己的妹妹或女儿。如此，邪淫恶心就不会生起了。

13.《华严经》说："菩萨于自妻常自知足。"自己的妻室，淫欲过度尚且不可，还敢去淫乱他人的妻子女儿吗？《速报录》说：“我不淫人妇，人不淫我妻。”《冥律》说：“奸人女者，得绝嗣报；奸人妻者，得子孙淫泆报。”从古至今的淫恶罪报案例，在《戒淫宝训》《太上感应篇》《文昌帝君阴骘文》等种种善书的众多注释中，列举得太多了，怎么可以不畏惧呢？须知美色本空，娇姿如幻，艳妆美人不过是装满了粪尿的漂亮花瓶、藏着利刃的锦绣皮囊而已。闲居暗室，不可生淫念妄想，即使是面临邪缘艳遇，也要守住德节，不可丧失良心。当此之时，只有用智慧的力量返照、高尚的道德自持，应当生起这样的心念：我自心的良知，正彰明昭著地警戒着我；遍满虚空的鬼神，正森严可畏地监视着我；头顶上的三台北斗神君，正面对着我；家中的灶神爷、身中的三尸神，正巡察着我。在人天交战的关头，如果把得定，则幸福快乐的天堂，转眼间可以登上去；把不定，则万劫难出的恐怖地狱，一失足立即就堕下去。悬崖要勒马，苦海要回头，在万难把持之时，要心存万不可触犯淫罪的坚强正念。文昌帝君的《遏欲文》，汉钟离祖师的《戒欲歌》，都应当反复熟读并竭力遵从。无人处不要造作昧良心的罪业，不要去干败坏道德的淫秽丑行；不要以为妓女优伶是下贱的人，而不加怜彻；不要以为婢女仆人是下等人而不加保全；不要认为私奔而来的美女，是她自投罗网，就欢然接纳自落火坑；不要认为妻妾是家常便饭，而放纵性欲自伤己身；不要忘了长幼名分，而紊乱人伦纲常；不要污秽了出家僧尼的净行，而触犯神怒；不要错乱了人与动物的界限，而与披毛戴角的畜类为缘；不要因为有私仇，而淫秽其闺门内室泄私愤；不要接触淫秽之缘，以防引发邪念；不要谈论女色和污言秽语，以免惑乱人心。以上是自造邪淫罪孽。此外，引诱良家子弟淫荡，以及喜好讲闺房秘事，并编写成淫书、绘成淫画，能诱发人淫欲的，是教人邪淫。看到听到他人想去行邪淫恶事，不仅不加劝阻，反而欢喜赞成的，其罪恶与自己亲犯是一样的。

14.《楞严经》说："十方如来，色目行淫，同名欲火；菩萨见欲，如避火坑。若不断淫，修禅定者，如蒸沙石，欲其成饭，经百千劫，只名热沙。"如果刻实而论，即不必实有其事，而只要生起邪淫的念头，就已经犯下了淫恶之罪了。所以有志向的，首先要端正自己的身心，以清其源，其次则寡欲以养其德。怎敢恣情纵欲，违背天理，折福损禄，污名失位，减短寿命，招至祸殃呢？《华严经》说："邪淫之罪，亦令众生堕三恶道，若生人中，得二种果报：一者妻不贞良，二者不得随意眷属。"朱熹说："世路无如人欲险，几人到此误平生。"万般罪错皆因贪婪之心和非分欲望。

## 邪淫十二害

明朝进士冒起宗，在注解《太上感应篇》中“见他色美，起心私之”二句时提到，看见他人的妻女美貌，便起奸邪的私心，只要一起这个念头，虽无事实，已难逃鬼神的祸罚。因为万恶淫为首，愚人不知道利害，便犯了这邪淫的罪孽。所以，要戒邪淫，先须明白邪淫的祸害，于此陈述邪淫十二种危害，以提醒迷途。

**一害天伦**　男女各有配偶，这是天定的人伦。如果和配偶以外的任何人发生了邪淫的心或行为，便是乱了伦，与禽兽无别。身为衣冠人类，怎么可以做禽兽之事呢？

**一害人节**　男女在一生中，最重“节”字，若犯邪淫，将令别人失节，瓦破难圆，遗羞终身。

**一害名声**　若犯邪淫，无论你做得多秘密，到最后一定事迹败露，无人不知，臭名远扬，被人耻笑，就连双方的亲戚都连带受辱，没有颜面。

**一害门风**　犯邪淫者，双方的父母、公婆、夫妇、兄弟、姐妹，乃至子女、孙媳等一家大小都受羞辱，一门上下满面耻辱、缠心入骨。所以，邪淫等于杀人三代。

**一害性命** 或妇女羞愤而死，或其夫气愤致死，或夫杀妻，或夫杀奸夫，或被在旁众人殴击致死，或因争风吃醋，互殴相杀致死。邪淫杀命的事例，古代现代均甚多，故绝不可邪淫。

**一害风俗** 邻里中若有廉耻丧尽、人面兽心的贪色好淫之人，使愚人看了榜样，朋比为奸，败害乡里的善良风俗，如此罪恶，定遭劫数，故绝不可邪淫。

这六样害，是害人的。

**一害心术** 淫念一起，各种恶念都生，如幻想心、迷妄心、贪恋心、嫉心、妒心、谋夺心、杀心等，牵缠不休。因此，邪淫最污染人的心地，故绝不可邪淫。

**一害阴骘** 骘是定的意思，上天冥冥中有安定人的道理，就是本善的性，做人的胎元。邪淫伤天理、灭良心、败德丧行、祸乱常道，足以斫伤阴德、削损阴骘，堕落到地狱畜生的恶道，故绝不可邪淫。

**一害名利** 《太上感应篇》说：人头上有三台北斗神君，身上有三尸神，家中有灶神等，随时查核记录人的罪过，并禀报上苍。夜深人静做坏事，上天就不知道吗？

例如李登犯了邪淫，被上苍削去了他状元宰相的福分。又如宜兴县有位木材富商，企图犯淫，设计夺人之妇，结果黑虎现身，咬去其脑袋。命中应该富贵的，因犯了邪淫，也要削尽富贵、沦为贫贱。何况福分浅薄之人，其下场更是狼狈不堪。

**一害寿命**　人若犯了罪过，寿命即被鬼神削夺。其中犯邪淫是夺寿最厉害的。何况贪好邪淫，身体精神必然耗竭，将导致惊恐死、劳瘵死、恶疮死、染病毒死。好色必死，必定早年夭折短寿，故不可犯邪淫。

**一害祖父**　若犯邪淫，便是抛损祖父相传的血脉，这是最忤逆不孝的。因为邪淫会败害家声、断绝祭祀，在阴间的祖先也因此成了没供养的饿鬼了，他们岂能不恨？故绝不可犯邪淫。

**一害妻子**　佛经上说，淫乱别人的妻子，将导致无子的报应。淫乱别人的妻女，将导致自己的妻女也被人淫乱的报应。因此，若犯邪淫，等于是拿自己的妻女去还债，且又会受到断子绝嗣的报应。过去有许多这种报应的例子，就是现在及未来，也必会有相同的因果循环，所以绝不可邪淫。

这六样害，是害己的。



以上邪淫十二害，不仅是从格言因果中，更是从我所目睹的事例中总结出来的。希望大家平日里就预先把祸患认清，才不至于临时迷昧。前贤说：“对色这一关，一定要忍，要坚忍，要狠忍。”又说：“常常想着人生病的时候、死亡的日子，邪念便消。”又说：“早夜点香一炷，静坐半个时辰，使心猿意马渐渐调伏。”倘若能时时记着邪淫十二害，再依照这三说来做，天天看看，经常想想，便是戒邪淫的良好方法。唐皋、罗伦、谢迁、王华能考上状元，主要因为他们能够坚决拒绝投怀送抱的女人；赵秉忠、周旋、冯京的贵显，主要是因为他们的父亲不犯邪淫。片刻间所关系到的祸福，岂不极大！这“她”字，包括婢女、仆妇在内。以前文昌帝君重降《阴骘文》说：“若与婢女、奴仆等发生邪淫之事，必遭天律的惩处。”

要知道，善人终身不贰色，视老者如母，视长者如姊，视少者如妹，视幼者如女。即使是对方主动来就你，你也一定要严加拒绝。守定远离邪淫十法：一清心地，二守规矩，三敬天神，四养精神，五勿目看，六戒谈秽语，七焚烧淫书，八节制房事，九勿晚起，十劝人共戒。前人有用刻送“戒邪淫单”的方式来戒淫的，内说：“每人领一张单，劝十个人，每劝一人，则有一人在单上签名画押，劝十人，则有十人在单上签字画押。足十个人后，将单具疏写于神位前，共誓戒淫！”这个法子最好，单式也容易做。

## 四觉观

（此观若修成，就会深刻地了解到，彼此的身体都不过是丑陋粗劣的臭皮囊罢了。这是随境消除贪淫的方便法门。）

凡夫淫欲念，世世常迁徙。宿生为女时，见男便欢喜。今世得为男，又爱女人体。随在觉其污，爱从何处起。

**睡觉刚起觉悟第一**　　默想清晨起来，两眼朦胧，尚未洗漱，此时满口黏液，舌苔黄腻，很是污秽。应当想那绝世佳人，纵然是樱桃美口，而胭脂香粉未搽之前，其污秽的样子也是这样的。

**酒醉之后觉悟第二**　　默想饮酒过量，五脏翻滚，不久忽然大口呕吐，吐出来的未消化之物，就连饿狗闻到了，也会摇尾而退。应当想到，美人细细地酌饮，玉女文雅地进餐，而杯中盘内狼藉一片之时，其腹中之物也是一样的。

**生病之时觉悟第三**　　默想生病卧床以后，面容灰黑、憔悴，又或是疮痈溃烂，脓血混流，臭不可闻。应想到，纵然是天姿国色，年轻美貌，而在疾病缠身的时候，其面容形态，也是一样的。

**见厕所生觉悟第四**　　默想大路旁的公共厕所，屎尿堆积，白黄夹杂的粪便，绿头苍蝇，到处飞绕。应当想到，千娇百媚的美人，任凭她香水沐体，龙麝熏身，而吃下去的东西消化之后，排泄出来的粪便也同是这样的肮脏不堪。

## 九想观

（此观修成时，方才醒悟人身后的无量凄惨，是为断绝爱欲的方便法门。）

人想死亡日，欲火顿清凉。愚人若闻此，愁眉叹不祥。究竟百年后，同入火葬场。菩萨九观想，苦海大津梁。

**新死想第一** 静观刚死的人，挺直仰卧，寒气彻骨，一无所知。应当想到我这贪财恋色之身，将来死时必然也是这般模样。

**青瘀想第二** 静观尚未入殓的尸体，一至七日，黑气腾溢，转成青紫色，很是可怕。应当想到我这如花美貌之身，将来死后必然也是这般模样。

**脓血想第三** 静观死去的人，开始腐烂时，肉腐成脓，势将溃流，肠胃糜烂。应当想到我这风流俊雅之身，将来必然也是这样的情景。

**绛汁想第四** 静观腐烂的尸体，停放的时间一长，但见黄水流出，臭不可闻。应当想到自己现在虽是香洁之身，将来必然也是这样的。

**虫啖想第五**　　静观停放时间久，已经腐烂的尸体遍体生虫，到处钻啃，骨节之内，就像蜂窝一样。应当想到我这夫妻和美之身，将来也必然是这样的。

**筋缠想第六**　　静观腐烂的尸首，皮肉被虫钻咬已尽，只剩筋连着骨，如同绳索捆柴，得以不散。应当想到我这偷香窃玉的邪淫之身，将来必然也是这样。

**骨散想第七**　　静观死尸，筋已烂坏，骨头散乱，不在一处。应当想到我这崇高富贵的身体，将来必然也是这样。

**烧焦想第八**　　静观死尸，被烈火所烧，焦缩在地，或熟或生，不堪入目。应当想到我这文章盖世之身，将来或许也是这样。

**枯骨想第九**　　静观枯骨，荒草丛中的破坟弃骨，日晒雨淋，其色转白，或复黄朽，人兽践踏。应当想到我年华易逝、老迈将至之身，将来必然也是这样。

## 劝戒十则

**一、莫犯处女**　　良家闺秀淑女岂容玷污，因为这涉及她一生的名节，比性命都重要。侵犯处女，她的六亲眷属都感到丢脸，定与你结下怨仇，和你纠缠不散。被害女纵使临婚时瞒过丈夫，必定隐含羞耻良心难安。此后终生痛缠心骨，蒙垢千秋，对你怨恨如山。

**二、莫犯寡妇**　　世人哪有不期盼与伴侣白头偕老的，然而那些寡妇们事与愿违，丈夫早逝，所以自己一人独守空房。无常阻隔，使美满鸳鸯被拆散，此后再也无法双宿双栖，这是多么可怜的遭遇啊！寡妇们死去的丈夫在阴间别无余愿，只希望妻子能够为他守节守德，不要给他们祖宗家族抹黑。可是，你若依仗权势、巧弄机关，去侵犯守节寡妇,如此猖狂造业,最终必定结仇结怨,果报自受。

**三、莫犯婢女**　　世间哪个女人不企盼自己将来良缘喜结，有个好归宿？故而无不严守名节，慎保贞操。婢女只因家境清寒，才受雇于人，她也依然重视贞洁，期待嫁个好人家。雇主绝不可依靠权势将她凌辱，否则富贵难保、子孙不肖的报应，终将遭受。

**四、莫犯仆妇** 仆妇虽然地位卑下，但亦如常人含羞知耻。主人若仗势强迫她以身相从，所造做的邪淫罪恶，以及将来所得到的果报，比一般情况不知道要严重多少倍。别人本来家有配偶，我也应该自觉严整家风。自古以来那些家主仁爱对下有恩德的家族，每当落难的时候，总是有义仆忠心保主，屡建奇功。那都是主人体恤下人、积善修德所得来的果报。

**五、莫犯乳妪（乳娘）** 她既然为我哺养孩子，对孩子有养育之恩，我本应存报恩之心，怎么可以反其道而行之，丧失人伦，利用乳子之缘而奸污她？只因家贫难过，乳母才不得已夫妻分离，出来靠哺养别人的孩子而生活。况且其善良的丈夫在家，希望她能多加小心，守住贞洁。我若犯她，令她自羞自恨，痛苦难当，罪过如何逃过？劝世人早些看破，万不可侵犯乳娘！

**六、莫犯贫妇** 贫妇迫于困窘，无奈而甘心忍辱受穷，仁者应该怜恤，为其保全名节。如果倚仗自己家财万贯，乘贫妇困窘急难，肆意要挟淫奸的话，罪孽不浅。自古以来穷富是没有一定的，世人的财富时聚时散，像烟一样被风吹来吹去。世间哪一个富人能拿钱买到子孙贤良、永保富贵？只恐那些自仗富贵、欺男霸女之人，今生造下罪业，后来子孙遭殃。

**七、莫犯尼僧**　　男女僧众既已出家修行，岂容再与之觅趣调情？世间胆大狂徒，若不知利害，败坏尼僧戒行，破坏佛家名声和形象，却不知护法诸神，怒目如电，俗世之人，乘机陷害，阳遭官刑，冥受酷罚。所以，出家僧尼千万亵渎不得，否则，是自己往火坑里跳，任何人也救不得。

**八、莫犯娼妓**　　青楼妓女，倚门卖笑，百般妖媚勾引浮浪子弟；但是你要明白，君子应该洁身自好，像手持美玉一样去百计保全。她虽然是“落花无主”，但我若犯了她，却令自己“白璧蒙瑕”，不仅破财伤身，耽误一生事业，更可怕的是，还会因此染病毒得绝症，奇祸莫测。

**九、莫贪姬妾**　　娶妾纳小，只是因为妻子不能生育，为传宗接代不得已而为之。何必姬妾成群，把那么多年轻的女子养在家中耽误别人的青春呢？要知道脂红粉白都是带肉骷髅，红尘爱欲，全都是春梦一场。常常看到世上那些富人，广纳宠妾，把糟糠原配冷落闺中，自己天天贪淫取乐，却不知道这样长此以往，性命攸关，地狱之门早就

已经为他打开了，不可不慎重。

**十、莫恋同性**　　男女异性为夫妻，这是人间正理。怎么能阴阳颠倒，认男为女，干出这种荒唐之事呢？这样污他清白，让他人暗地引为羞耻，又使自己声名丧尽，为人耻笑。白白浪费钱财，还让自己和他人都受伤害，甚至因此丧命。如果不相信，请你回头看看别人造此业者，个个遭受报应，真是丝毫不爽。

## 附：劝戒十则原文

**一、处女**　　闺秀岂容玷辱，一生名节攸关。六亲体面没遮栏，结定怨家不散。纵使临婚瞒过，隐含羞耻难安。痛缠心骨怨如山，蒙垢千秋莫瀚。

**二、孀妇**　　人孰不思偕老，可怜独守空房。芳池拆散两鸳鸯，此后双飞绝望。死者别无余愿，只求为我增光。智欺势压太猖狂，终作怨家孽障。

**三、婢女**　　有女皆期得所，守贞待字于归。只因穷困两相违，骨肉亲情如水。莫认阶前之草，休贪席上之杯。百年难保旧门楣，只恐后嗣不美。

**四、仆妇**　　仆妇虽然下贱，含羞带耻心同。入牢无奈强相从，罪恶一般深重。彼自分明配偶，我当严整家风。从来义仆干奇功，都是主恩感动。

**五、乳妪**　　她既为我鞠子，吾宁因子奸她？终年琴瑟远违和，只为家贫难过。况彼良人在室，望她守节心多。自羞自恨痛如何，劝尔早些看破。

**六、贫妇**　　贫窘甘心忍辱，端须仁者保全。逞财乘急肆淫奸，作孽终身不浅。穷富由来无定，家资聚散如烟。阿谁能买子孙贤，只恐后来难免。

**七、尼姑**　　彼既修行出世，岂容觅趣调情。败她戒行坏她名，不顾佛家清净。神目赫然如电，地方借隙相乘。官刑冥罚祸非轻，真是堕身陷阱。

**八、娼妓**　　有种青楼妓女，倚门百媚夭斜。须知君子爱身家，执玉一般恐怕。彼自落花无主，我终白璧蒙瑕。破伤财物误生涯，染毒罹疴祸大。

**九、姬妾**　　娶妾只因嗣续，何须少艾重重。脂红粉白髑髅工，总是一场春梦。每见富翁多宠，糟糠冷落闺中。随时取乐逞淫风，性命攸关实重。

**十、男色**　　男女居室正理，岂容颠倒阴阳。污他清白暗羞怆，自己声名先丧。浪费钱财无算，戕生更自堪伤。请君回首看儿郎，果报昭昭不爽。

## 戒色赋

（以题为韵）

荡荡情天，昏昏欲界，智慧都迷，痴呆难卖。亦念夫夫妇妇，正家道以无乖，庶几子子孙孙，肃闺门而勿坏。如何钻穴，绝无烦蛱蝶之媒，竟至逾墙，偿不了鸳鸯之债。万恶以淫为首，曾榜森罗（地府）。百殃悉降于身，非徒夭瘵。削他桂籍（功名），生前则穷巷空悲。斩尔椒条（子孙），死后之荒茔孰（谁）拜。个个《中庸》记得，九经忘远色之经。人人《论语》读完，三戒昧少时之戒。血气多缘未定，智愚哪得不移。和也者财先可饵，强乎哉力莫能支。刑于寡妻，破节而故夫暗泣。搂其处子，含羞而新妇群疑。以佣妪为易奸，麀而忽聚（麀聚：父子共一母麀。比喻乱伦秽行）。以乳娘为可犯，蛊（毒）岂堪医。美婢调来，狮吼（妒妇）之威教遍受。顽童比及，龙阳（男性同恋）之丑更难知。带肉骷髅，偏喜狎癫狂之妓。低眉菩萨，亦怒污清净之尼。《传》曰："男有室（妻），女有家，毋相渎也。"《礼》云："内外乱，禽兽行，则必灭之。"则有舌上灿花，毫端错彩，诱人颠坠于邪山，罚尔沉沦于苦海。自诩文人才子，风流之趣语频翻，遂令怨女旷夫，月下之佳期早待。好谈中冓（指闺门秽乱丑事），一言伤天地之和。妄著淫书，万劫受泥犁（地狱）之罪。演出横陈（淫秽）之剧，声音笑貌，谁则弗思？描来秘戏之图，袒裼裸裎，焉能不浼（污染）？酣歌艳曲，魂已荡而魄已消。伪造仙方，阳可补而阴可采。是皆导入三途，能不孽添百倍！放郑声而有训（孔子批评郑国的音乐淫荡），此语应闻。思《鲁颂》以无邪，其言犹在。何勿念淫，转而好德。无思乃保无为，有物本来有则。想到悬崖撒手，欲火难红。急从彼岸回头，狂澜勿黑。过而能改，福尚可以自求。善更能迁，祸定消于不测。绿衣引去，洪学士之上寿还登。黄纸标来，项秀才之高魁旋得。出乎尔，反乎尔，报应分明。不可逭，犹可违，挽回顷刻。罪不加忏悔之人，梦已入清凉之国。非礼勿动，衾影中浩浩其天。反身而诚，伦纪中贤贤易色。乐尔妻孥，毕其嫁娶。夭桃各咏于归，少艾焉容外慕。鸾帏梦畅，提头而人面模糊。凤管词新，拔舌而鬼形恐怖。戒得心中如铁，法网讵罹。色原头上从刀，杀机已露。生贪有限之欢，没受无穷之苦。能忍、坚忍、狠忍，便致神钦。视淫、意淫、语淫，都防天怒。奔（美人私投而来）还要拒，风清月白之吟。烈更须扬，露峡雪江之句。自己闺房之乐，亦莫常耽。他人床笫之言，胡堪轻诉。青楼薄幸，休教纵欲三年。白璧无瑕，只在闲情一赋。

**【批】**《戒色赋》是越中（唐越州，在今浙江绍兴）名士拜亭所作。有一天晚上，拜亭梦到文昌帝君告诉他："先生有写赋之才，何不作《戒色赋》一篇，替我唤醒世人？"拜亭从梦中醒来，便提笔写赋，下笔时好像有神相助，字字句句顺畅达意，令人见了拍手称赞。但愿天下文人才士，能反复思考吟咏，仔细回味。

**译者按**：如果翻译成白话文，就无法保有"赋"的面貌及"赋"的韵味畅达。因此本篇赋文，译者略作注释，未作翻译，希望读者反复诵读，自得其意。如有高手能翻译得非常美妙，我们也十分欢迎。

# 事证

## 福善案

1. **曹鼐先生**　　明朝宣德年间，曹鼐考中贡生后，授国子监学正（大学管事），他没去，改任泰和县典史（管公安的官员），在捕盗时救得一很美丽的女子。晚上，这女子愿意服侍他，曹鼐立刻告诉她："你是处女，我怎可侵犯你！"于是拿出纸来，在纸上写"曹鼐不可"四字，将纸焚化。次日，又召请该女子的母亲将她领回。后来，他在朝中考对策时，忽飘来一纸，上书"曹鼐不可"四字，于是文思澎湃，考取状元。

2. **陈医生**　　浙江余杭陈医生，把一个家贫、濒临死亡的病人医好了，没有要求任何回报。后来，有一天陈医生因避雨路过这病人的家，因天黑雨不止，病人的母亲留陈医生过夜，暗地里叫媳妇伴陈医生同睡，以报答救命之恩，媳妇也答应了。半夜媳妇来到陈医生床前，对他说："感谢您救了我丈夫，我来是代表我婆婆的心意。"陈医生见少妇年轻美貌，心也动了，但马上克制自己说："不可。"少妇再三要求，陈医生连连回避说："不可！不可！"于是，通宵未睡，坐到天明。到最后，当他差一点不能克制时，就大声喊道："不可二字最难！"天亮，悄然离去。

日后，陈的儿子参加科举考试，主考官阅卷，准备放弃他的试卷时，忽然听见一个声音说："不可！"于是，主考官挑灯再阅，还是认为不行，决定放弃。这时，又听见有声音连叫："不可！不可！"最后主考官拿定主意，不再考虑。那声音又在叫："不可二字最难！"而且连续不停。主考官觉得很奇怪，就把他的儿子录取了。发榜后，主考官把他的儿子找来，想问个明白。他的儿子也不明白是怎么回事。等他回家将此事告诉其父，父亲听后，不禁叹道："这是我壮年时做的一件好事，没想到老天会用这种方式来回报我。"

3. **冯商人**　历史上很有名的宰相冯京，他父亲冯商到了中年还没有儿子，太太便劝他纳妾。后来冯商路过京城，买了一妾，已经写好契约，付清银钱。他问该女从哪儿来的，女子只是哭泣，再三问后才说，她父亲因为公事欠债，才卖她还债。冯商听后动了恻隐之心，立刻将该女归还其父，也不讨还银钱。回家后，冯妻问丈夫：“买回的妾在哪里呢？”冯商便把经过告诉太太。太太听了，说道：“你的善心阴德如此好，不必担心没有儿子。”果然经过数月，冯妻竟然怀孕，而且将分娩的那天傍晚，乡里邻居都看见一群鼓乐队，锣鼓吹乐，说是护送一个状元郎到冯商家。当晚所生就是冯京。冯京后来连中三元，官至宰相，政绩很显著，太子都拜他为师。

**4. 孙继皋** 明代江苏无锡人孙继皋，在某大户人家教书。一日，主人的妻让婢女送一杯茶来，杯内放着一枚金戒指，孙假装不知，叫婢女拿回去。当天深夜，婢女在房门外叩门，说主母到了，孙赶紧拿来大木板，顶住房门不开。第二天，孙便辞教返乡。有人问他为何辞教，孙不愿扬人之丑，只说是学生不受教导，始终不透露原因。后来孙到京考试，得中状元，而且子孙也都做了大官。

**5. 周旋父** 温州人周旋的父亲，家贫子女多。邻人却富而无子，想让小妾向周父借种。有天晚上，富翁把周父请来饮酒，中途装醉退席，单让小妾作陪。小妾提出向周父借种的事，周父十分惊愕，急速起身，奈何门已紧锁，无法脱身，只得以手在空中写下：“欲传种子术，恐惊天上神。”意思是说，就是我想传给你生儿子的种子，也怕老天爷不肯原谅。写完，面向墙壁，再不作理睬。

正统乙卯年，周旋参加乡试，榜上有名。太守梦见迎接新科状元，此人即周旋。彩旗上写的是：欲传种子术，恐惊天上神。太守莫名其妙。丙辰年，周旋果然高中状元。太守前来祝贺，谈起过去梦中所见，这时周旋的父亲才告诉他："这两句话确是老夫二十年前对空书写的。"至于具体的当事人，则始终没有透露出来。

**6. 陆公容**　明朝太仓人陆公容，仪表丰美。天顺三年，去南京赴考。房东有个女儿，夜里到他房内，表爱慕之心。陆骗她说自己身体有病，约其后夜再来。女子去后，他作了一首诗："风清月白夜窗虚，有女来窥笑读书。欲把琴心通一语，十年前已薄相如。"天亮后借口离去。那年秋天他考中了。考前陆的父亲做了一个梦，地方官吹吹打打送来一块匾，上书：月白风清。父亲认为这是儿子考中之兆，于是写信给陆。陆更加警惕，后来中了进士，官至参政。

**7. 钱翁**　毗陵有个姓钱的老翁，常行善事，可是还没有儿子。乡中有一名姓喻的男子，欠了有势之人的钱，被官抓去，妻子女儿都受饥受冻，便向钱翁借钱。翁如数给予，并且不立借据文书，救济对方。事后，喻氏夫妻带女儿登门拜谢。钱翁的妻子，见他女儿很美，想聘为小妾，喻氏夫妻也欢喜愿意，但钱翁却说："乘人之难是不仁，我救急对方，原是善心而发，现在想娶人家女儿就变成不义，我宁可无子，也绝不愿意这样做。”喻氏夫妻听了，十分感动涕泣，向钱翁拜谢而退。当天夜晚，翁妻梦见天神，告诉她说：“你丈夫救人行善，并且能怜贫恤困，不淫人女，故阴德深重，当赐你贵子。”第二年，翁妻果然生了一个儿子，取名天赐。天赐十八岁就参加朝廷的各项考试，一帆风顺，考得非常好，最后官位做到了御史。

8. **沈桐**　　归安县人沈桐，家贫穷，族兄介绍他到亲戚家教书。那是个寡妇人家。一夜，妇人到他房里想投怀送抱，沈桐严加拒绝。第二天，沈便辞去返家。妇人深恐事情传出去没脸面，几次备了厚礼，敦促沈的族兄，再邀请沈到她家教书；但沈桐坚决不去，族兄几次问他原因，沈桐始终不说，只推说生活不方便而已。第二年，沈桐考试联捷，后来官至巡抚。

9. **王志仁**　　安徽商人王志仁，三十岁尚无子，有相士告诉他十月他有大难。王一向觉得该相士的话很准，于是急忙往苏州清理账务，然后准备回家。傍晚到河边散步，恰巧见到一名妇女投河自杀，王立刻拿出十两银子，呼叫渔船将该妇救起。问为何自杀，妇人说：“丈夫替人做佣工，我在家中养猪，以此来偿还欠债。昨天卖猪，收到的却是假银，深怕丈夫回家责骂，难以过日，所以自杀。”

王志仁听了很同情，赠她比猪钱还多一倍的银两。妇人回家后告诉丈夫，丈夫不但不信，反而怀疑妻子和王有不正当的行为，于是带着妻子，深夜到王的寄宿住所责问。此时王已入睡，妇人敲门说："水妇来道谢。"王志仁听了，马上严厉地说："你少妇，我孤客，深夜怎可相见？"妇人的丈夫听了，惊喜而肃然起敬地说："我夫妇二人一同来拜谢。"王才披上衣服出门相见。才开门，墙壁忽然倒塌，床被压碎，王因此逃过劫难。回家后，相士见到他惊喜地说："你满面阴骘纹，一定救过他人性命，将来必后福无穷，不可限量。"果然，王志仁后来接连生养了十一个儿子，而且九十六岁时，身体依然康健。

10. **杨希仲**　　宋代新津人杨希仲，在未得功名前，曾到四川成都一富人家中教书。富家有一美妾，自认才色出众，到书房调戏杨，杨严正拒绝。当天晚上，杨的妻子梦见神告诉她："你丈夫独处他乡，不做邪淫之事，当赐他考试得魁，以彰显善报。"第二年，杨希仲果然中了四川第一名。

11. **程孝廉**　　徽州程孝廉家住小溪边，溪上木桥很窄。一天，一女子探亲路过，失足落水。程孝廉叫人把她救起来，并让妻子给她烘干衣服。天黑了，女子不能回家，又叫妻子陪她睡，第二天送她回家。女子的婆家知道后很不高兴，说："媳妇没有过门，就在别人家过夜，一定出事了。"于是让媒人到女家要求退婚。程孝廉听说后，亲自去解释才得以成婚。婚后不到一年女子丈夫去世，留下一个遗腹子。其女居孀教子，常在灯下教子读书时，泪流满面地对儿子说："你若有出头之日，千万不要忘记程孝廉的恩德。"这个孩子天资聪敏，少年即考中地方功名。丙辰年入京会考，每写成一篇文章，必拍案朗诵，得意非常。后来，却忽然放声大哭，碰巧程孝廉在他隔壁考房，连忙问他哭什么。少年说他作了七篇文章都极其满意，不料灯煤落下，卷子烧了，残卷必被剔出，所以痛哭。程说："真可惜，这样优秀的文章眼看就没有价值了，不如你让给我誊写，如果我得中，一定厚谢。"少年即将文章给了程。程果然中了进士。发榜之日，少年到程寓所索取报酬，程准备酒菜加以款待。少年问程："你做过什么大善事，能拿我的文章成就你的功名？"程回忆平生好像没做过什么大善事。少年坚持要程说，程想了好久，才说出从前曾救过一个落水女子之事。少年听后，跪倒在程的面前说："原来先生就是我母亲的大恩人，我怎敢妄想先生的报酬呀！"然后流着眼泪把母亲灯下哭泣叮咛的话说给程听。从此，少年像对师长一样对待程孝廉，两家并互为婚嫁。

**12. 徐昂**　扬州人徐昂，春季到京城赴考。城中的王相士算卦很准，徐昂也去问了。王相士说：“从你面相来看，你命里无子。”后来徐昂考中，委派到西安做官，途中买了一名很美的女子打算做小妾，问她家中情况，回答说：“我父亲在某地做官，几年前死了，当地灾荒，一批强盗将我抢到京城卖了。”徐昂听了很可怜她，打消了娶她做妾的念头，将她的卖身契也烧了。到了西安，为她挑选了一个有德才的后生，像女儿一样将她嫁出去。徐昂在西安任满回到京城，王相士见到后惊奇地说：“一别几年，面相大变，断子相已改为多子相，一定是积了大阴德吧。”不久，其妻妾一连生了五个儿子。

**13. 姚三韭**　姚三韭，本姓卞，学问渊博，诗文都很好，曾在怀姓人家教书。那家有个女子常常偷偷地看他，他根本不理睬。一天，他在庭院里晒鞋，女子写了一张条子塞进他的鞋内。姚三韭见到后，就找了一个借口辞职了。袁怡杏写了首诗称赞他，其中有“一点贞心坚匪石，春风桃李莫相猜”之句。姚三韭回信坚称并无此事。袁怡杏将他的回信封好，并题词于上：“德至厚矣，子孙必昌。”后来，姚的儿子谌，曾孙锡，皆中进士。

**14. 林增志**　温州人林增志，虔诚奉佛，并且持戒。一夜梦见天上榜文，自己名在第十，下注“不杀不淫之报”六字。戊辰年考试果然中第十名。

**15. 何澄**　何澄是位名医。同城有位姓孙的，久病不愈，请何医生去治疗。病人的妻子私下对何说：“丈夫生病多年，财产都变卖光了，付不起医药费，我愿以身体作报酬。”何正色地说：“你怎么可以说这样的话？你且安心，你丈夫的病我会尽心治疗，但请你不要以此污辱我，也不要污辱了你自己。”病人妻子又惭愧又感激。那天夜晚，何医生梦见一位神人引他到公署，对他说：“你行医有功，在急难中不占妇人便宜，上帝赐你一个官位、钱五万。”不久，东宫太子生病，诏请何进宫诊治，一帖药就好了。皇上所赐的官、钱，和梦中说的完全一样。

**16. 高尚书之父**　扬州高尚书的父亲，早年贩货京口，在客店中常嗅到安息香香味。一日忽见壁缝中伸进一枝香，高父在孔隙中见到隔房一少女独坐。第二天问店主，原来是他的女儿，又问为什么不嫁人，回答说：“良婿难找啊！”几天后，高父遇到一位人品很好的青年，于是对店主说：“我见高邻某郎非常不错，我想替你做个媒，怎么样？”店主说：“我也喜欢这人，只是他家太穷，恐怕无力办婚事。”高父说：“不碍事，我借钱给他，让他娶亲。”随即赶到某郎家，做媒说合，并赠数十两银子给小伙子，以完其美。回到家中，高父梦见神给他说：“你命里本来无子，因赠金而成人之美，今赐你一子，可以起名叫铨。”第二年，果然生了一子。后来这个孩子考中进士，官至尚书。

17. **沈鸾**　　明朝松江县书生沈鸾，人到中年时尚无子嗣，家里贫困，在外教书。一天夜里回家，路遇大雨，到家时家门已关。他听到屋里有少女说话的声音，隔墙一问，妻子说是邻女怕自己寂寞前来做伴。沈就不让妻子开门，自己冒雨去道院借宿。那夜，沈鸾梦见玉帝给他两条彩带，醒来才半夜子时，雨过天晴，月光照到殿内，光辉四射，五彩夺目。其后来生下文系、可绍两个儿子，都考取功名。

18. **蔡启传**　　清代德清县蔡启传，地方推荐他到京城去考试。此时他尚无儿子，妻子用三十两私房钱，给他买了一个妾。这个女子进门后，垂头哭泣不止。蔡启传问为何伤心，回答说：“丈夫因为欠了军营的债，将我卖身抵债。”蔡听了很感叹，就连夜赶往其夫家说：“我为你们了结此事。今夜我就住你家不回去，回去的话就说不清了。”蔡启传于是住在他家，等营卒回来后，蔡启传告诉他详细的情况，并说：“你把欠条拿来，我把债还了。”然后蔡启传又命家人抬轿把女子归还其夫家，另外又赠了三十两银子给他们。后来蔡妻不久即生一子，并且蔡启传也于康熙庚戌年间考取了功名。

19. 谢迁　明代人谢迁，年轻时曾在毗陵某家教书。那家人的女儿乘父母外出，奔到谢迁房内求欢。谢劝告她：“姑娘未婚失去贞操，是终生的污点，使你父母、夫家都没有脸面。”严词加以拒绝，女子满面羞惭而退。第二天，谢即辞职回家。后来，谢迁考中成化乙未年状元，官至宰相，死后谥号“文正”。他的儿子谢丕也官至侍郎。

20. 费枢　四川人费枢，到京城会考。傍晚一妇人进前诉苦，说：“我是贩绸人的女儿，出嫁后丈夫死了，没有路费回家，愿意跟你一起生活。”费枢说：“我不想犯非礼之事，我当请你父亲来接你回家。”于是，费枢四处寻访，终于找到了她父亲，告诉他女儿的情况。父亲很感动，立即带女儿回家了。当年费枢就考中了，后来官至太守。

21. 靳翁　镇江人靳翁，到五十岁还没有儿子，在金坛教书，邻家有个美貌的女子，靳夫人卖掉了首饰将女子买来做妾。靳翁回家时，夫人备了酒菜在房里，并对丈夫说：“我老了，不能生育，这个女子很好，也许可以给靳家延续香火。”靳翁听了面红耳赤，夫人以为自己在场他难为情，就出去了，并把门反锁了。靳翁从后窗跳出，对夫人说：“你的好意我知道，但这个女子小时候我常抱她，希望她嫁到好人家去。我年老，又多病，不能委屈她一生。”就将女子退回去了。第二年夫人生个儿子，就是文禧公。公少年英俊，十七八岁就登科，后来成为贤明的宰相。

**22. 曹书生**　松江曹书生，去考试时，在旅店中有个妇女来求欢，曹生急忙跑到别的旅店借宿。走到半路，忽见一批打灯火开道的人，进入古庙中，击鼓升堂。曹生好奇，避在暗处，听到殿上唱新科录取名单。唱到第六名时，一个官员接口说：“此人近来有不良行为，上帝削去，应补何人？”一神说：“松江曹生，不淫店妇，正气可嘉，可以补上。”曹生听了又惊又喜，发榜果然中了第六名。

**23. 某老师**　明代浙江有位将军，请了个老师教儿子。一天，老师病了，儿子取被子为老师发汗，误将母亲的鞋子卷入被中，落在老师床下，师生二人都没有发现。将军探望老师时，见到此鞋，疑心妻子和老师有暧昧关系，于是质问妻子，妻子不服。将军晚上就叫婢女去叩老师的房门，假说主母有请，自己则持刀躲在门后，等到门一旦打开，就将老师杀死。老师听见有人敲门，就问：“什么事？”婢女说：“主母有请。”老师怒斥婢女，不肯开门。将军又强迫妻子亲自去请，老师仍不开门，并说：“我蒙东家聘请，岂可私下胡行，请速回吧！”将军怒气才息。第二天，老师辞职，将军立即赔礼道歉说：“先生您是真君子啊！”于是将事情详细说明并谢罪。老师那年考取了功名，后来做了大官。

**24. 林茂先**　　信州人林茂先，才学过人，受到当地人的推荐，还未去考试。因家境极贫，只是闭门读书。邻居有一位富翁的妻子，厌恶丈夫没有学问，私慕茂先的才华，夜里偷跑过来向他求爱。林责备她说：“男女有别，礼法不容，虽然黑夜，天地鬼神，罗列森布，怎可污我？”富妇听了，惭愧而退。第二年林茂先考中，后来三个儿子都中进士。

**25. 袁公**　　清代李闯作乱时，陕西省人袁公逃难时父子失散。袁公独自一人流落到江南，想娶一妾续香火，买回了一个女子，但她进房便背着灯伤心地哭。袁公问她情况，妇人说：“没有别的原因。家里穷得没饭吃，丈夫饿极要自杀，所以我才想卖身救丈夫。如今想到夫妻情深义笃，内心很是伤痛。”袁公听了很感伤，和她背对背地坐到天亮，然后送女子回家，又赠银一百两叫他们夫妻做生意度日。夫妻俩非常感激，心中打算买一个好闺女，给袁公做妾生子，但一直没有找到。一次，夫妻俩偶至扬州，遇到一个人领着个俊俏的孩子要卖。夫妻俩心想未得女子，先买一个童子服侍袁公吧，于是买定后渡江送到袁家。袁公细看再三，原来竟是他失散多年的儿子。行善的报应竟有这么快、这么巧！

**26. 陆树声**　明代云间人陆树声，辛丑年北上应考。他家乡的地方官王公华，夜里梦见很多人在城隍面前推举陆树声为善人。王就将陆的岳父李某召来，问陆平日做过什么善事，李回答说：“其他的我不太清楚，只是他决不做邪淫苟且之事。”后来陆考中会元，其儿子彦章己丑年中了进士。

**27. 唐皋**　唐皋，年轻时在灯下读书，有女子故意勾引他，将纸窗捅破。唐皋把窗纸补好并题词于上：“掐破纸窗容易补，损人阴骘最难修。”后来一个僧人经过他家，见门上挂着状元匾，左右挂两灯笼，上写着那两句话，感到奇怪，就去问他原因。后来，唐果然状元及第。

**28. 张畏岩**　明代江阴人张畏岩，夜梦进一所大房子，见到一本考试录取名册，名册中有很多空白缺行，问旁边的人这是什么，答说：“这是今年的科第录取名册。”又问：“为何缺名这么多？”答：“科第每隔三年考核一次，积有阴德而没有犯过失的人才能列入名册中。前面缺名的，都是本可以考中，因新近犯了损德之事而被上天削去名字的人。”又指着后面一行说：“你平生无邪淫，或许可补这一行，要自己珍惜。”果然，张畏岩在该年的朝廷科考中，考取第一百零五名。

**29. 孙书生** 明代宁波人孙书生，家境贫困，以教书度日，一年收入只有几两银子。后来失业了，在塘西张姓人家做抄写工作。张家有一婢女，夜里来向他求爱，孙书生严肃地拒绝了她。婢女又去与教书老师鬼混。老师因生疮治不好，端午节时被辞退了，孙书生就代课做老师，一日在江口遇见叔叔，叔叔对他说："我因儿子生病去求城隍，夜梦见城隍在核对免除饿死的人的名单，念到十几名时，我听见有你的名字。我暗地问念名单者：'孙某为何从饿死名单中勾去？'他说：'此人四十六岁时，本该出外饿死，但因今年四月十八夜拒绝某女邪淫私奔，因而给他延寿二十四年，并改其福禄，成为富裕人家。'我听后为你高兴。"后来请孙当教师者日渐增多，每年可得银百余两。明万历三十六年孙四十六岁，那年米价暴涨，饿死很多人，而孙家富足有余。到他的儿孙成年时，孙家已是大富人家。孙书生活到七十多岁，无疾而终。

**30. 陶大临** 陶文僖公，生得英俊潇洒。十七岁那年去考试，旅店里有个女子来求爱，接连三次，都被陶拒绝。为避骚扰，陶公搬到另一家旅店去住，在搬前一夜，店主梦见神人对他说："明天有秀才来住，因其立志端方，拒绝邪淫，上帝封为三鼎甲之一（前三名）。"陶去住店，店主就将梦境告诉他，并向他祝贺。陶更加自励。后中榜眼（第二名），官做到大宗伯。

**31. 时邦美父** 时邦美的父亲是郑州的一个小军官，六十岁了还没有儿子。一次押运军需物资到成都，妻子叫他带一个小妾回来。时邦美的父亲在成都买得一美丽女子，见她用白布条扎发，问她何因，她哭泣着说："父亲原是都下人，在州里协助长官做事，不幸病死。母亲扶棺回老家安葬，经过此地，盘缠用尽，不能回去，只得将我卖了，以办理丧事。"时邦美父亲听了，觉得可怜，就将女子还给她母亲，又拿了银两赠她母女，还为她们妥当安排回去的事务，回到郑州后，将此事告诉了妻子，妻子说："济人危急，功德很大。纳妾的事我再为你想办法。"不久，不生育的妻子却怀孕了，一夜梦见客堂中坐着一位紫金色的人，早上便生下了时邦美。邦美后中会元，官至吏部尚书。

**32. 赵秉忠父** 明代万历戊戌年状元赵秉忠的父亲，在县里协助县官做事。有个世袭将军的后代受冤枉，赵秉忠的父亲尽力为他平冤出狱，将军很感激，又没办法报答而觉很惭愧，于是想将女儿送给赵父作妾，赵父摇手说："你们是名门之后，使不得！"对方再三恳求收下，赵父又摇手说使不得，终究不从。后来秉忠上京应试的路上，有人拊着他的轿子说："使不得的中状元。"连说好几遍。赵秉忠考取后回家告诉他父亲，赵父感慨地说："这是我二十年前的事情，从未告诉他人，神明却告诉了你。”

**33. 吕公宫**　吕公宫，曾在某家书房夜读。邻室有一个年轻寡妇，循着月光忽然来到书房向他求爱。吕严肃地拒绝了。第二天寡妇又叫婢女给吕公送来一只双玉鱼，吕毅然把双玉鱼摔碎。婢女见状，羞愧而退。后来吕官做到太子老师，这事却从来没有对外人讲过，偶然为教育儿子而谈起，也不指明是哪户人家。

**34. 聂从志**　宋代黄靖国在做仪州判官时，一夜被摄至阴间地府。冥官说：“仪州有件美事，你知道吗？”说罢就取簿给黄看。原来是医生聂从志某年某月在华亭某家看病，病人之妻子向聂求欢，聂从志竭力拒绝。上帝令聂从志增寿二十四年，子孙两世登科。靖国还阳后讲给从志听，从志说：“此事连我妻子都不知道，不料已记载到阴册。”后来聂从志果然长寿，子孙两代都登科。

**35. 茅鹿门**　明代茅鹿门，少年时求学于余姚，住在城隍庙前的钱家。钱家有一个美丽的婢女，爱慕书生的英俊，一夜到书房来呼猫。鹿门问：“你为何一人夜里来呼猫？”婢女笑答：“我非但呼小猫，更喜欢大猫（茅）。”鹿门正色道：“家父叫我到外地读书，如和你做了不正当的事，回去有何脸面见父亲？又怎么对得起主人？”婢女惭愧而退。后来嘉靖戊戌年考中，官做到副使，寿至九十岁。

**36. 顾某**　　杭州管北新关的官吏顾某，奉令出差江南，夜里船泊苏州河边。见一少妇想投河自杀，他急忙拦阻，并问何故，少妇说："丈夫因欠债被关在牢狱，命在旦夕，因不忍见夫先死，所以想投河自尽。"顾某拿出五十两银子给她还债，少妇拜谢离去。顾某公差完毕又经过此地，坐在酒店里吃饭，对门恰巧是投水少妇的家。少妇见到顾某，立刻告诉丈夫，夫妻备了酒菜邀请顾某到家。丈夫私下对妻子说："他对我们有救命之恩，家里穷，无法报答，晚上你就陪他吧。"因此，夫妻俩挽留顾某在家中过夜。半夜时，少妇进顾某的寝室。顾某断然拒绝，并且披上衣服逃回船中过夜。就在这一夜里，顾某的家乡杭州城失火，延烧数十家，众人见到烈火中有一金甲神，手拿红旗，围绕着某一家的房子，火逼近时，立刻被金甲神拨回。火熄灭后，大家仔细一看，就是顾某家。大家都说是顾某积德的关系。

**37. 罗伦**　　明代罗文毅公伦，去参加会试，船经苏州时，梦见宋朝范文正公（范仲淹）告诉他说："明年你将中状元。"罗伦谦虚地说不敢当。范公说："你某年在某楼所发生的事，感动太清，所以用此回报你。"罗伦回忆当年曾经在此楼拒绝奔女。后来罗参加殿试，果然考中状元。

**38. 莫文通**　明朝莫文通，是个乐善好施的人，家居云间郡城二里泾，世代务农。有一天，莫带了二十两银子出去买稻种，把船停在黄浦江边，看见两个人捆绑一个少女，要把她沉入江中。莫上前询问，二人回答：“这是主人的女儿，主人发现她与人私通，因此派我们把她投进江里。”莫说：“姑娘年轻不懂事，况且又不是你主人亲眼目睹的事，万一搞错了呢？岂不是害了一条人命。我给你们二十两银子，请你们把她放了。”少女得救后，跪在莫的面前，愿意侍奉莫一辈子。莫说：“我救你并非爱你的姿色，而是可怜你青春年少就死于男女私情。现天色已晚，我的船小住不下，你上岸后赶快找有灯火的地方投宿。”莫于当晚回家，梦见神人对他说：“你救了人，阴德厚重，上天赐你贤孝子孙。”后来莫的儿子胜考取了功名，莫的孙子昊，乡荐第二，昊的儿子愚也中了举人，愚的儿子如忠也是乡荐第二，中了嘉靖戊戌年进士，官至方伯。而那少女逃去后，一个读书人收留了他，生了六个儿子，其中一子与愚同年考中。何三畏曾作《善人传》记其事。

**39. 柳书生**　杭州柳书生，探亲途中遇雨，到荒园投宿，发现有一少妇已先在园内避雨。柳某端坐屋檐外，一点不动邪念，到天明离去。避雨少妇是书生王某的妻子。少妇感念柳某对女色不起坏心的高尚品德，将避雨的事告诉了丈夫，不料丈夫反疑妻子不规矩，把妻子休回了娘家。过后柳某参加乡试，考官判卷时，已把柳的文章放置一边，忽又发现柳的文章仍在桌上。考官感到惊异，再把柳文看一遍，仍无可取之处，再次放入废卷中。全部阅完上送时，发现柳文又在其中，想其人此生必有阴德，就将柳文一同送上去了，结果柳生中了第七十一名。王某与柳某恰巧同一个考官，柳某拜见考官时，王某也在。考官谈到柳生考中的原因时，认为这事很奇怪，问他做过什么好事积下了阴德。柳生回忆说别无他事，只把避雨之事说出来。这时王生很感叹，才明白自己冤枉了妻子，于是回家迎妻归来，并且把自己的妹妹嫁给柳作继室夫人。

**40. 顾佐**　明代太仓州管事顾佐，知道卖饼的江姓受冤枉事，就代其向官里申诉，使江氏得以平冤释放。江氏携其女至顾家，说："无以为报，愿让我的女儿作你的小妾。"顾佐坚拒不受。后来顾佐任期满，被调任到尚书衙门办事。一天，顾有事到尚书家，尚书夫人见到他说："你不就是太仓的顾佐吗？还认识我吗？"顾佐愕然。夫人说："我就是卖饼的江氏的女儿，后来我被卖给商人，商人将我作女儿看待，嫁给尚书作偏房，后升为正室夫人。想起你对我们一家人的恩德，还没有报答，常常悔恨。现在我当告诉我相公。"尚书将顾佐仗义救人不图报之事上奏皇帝，明孝宗听了非常赞叹，提升顾佐作吏部主事官。

41. **徐立斋**　　清代顺治己亥年，昆山徐立斋刚中状元不久，当地有一个传闻，说有人到城隍庙烧香，宿于庙中，半夜看见城隍威严升座，把他叫到面前对他说："你知道徐立斋中状元的原因吗？徐氏家族世代没发生邪淫的事，久积阴德，感动上天，这回中状元才是好报的一个开始。功名之事，虽然奥妙难测，而因果报应却是很明显的。世上那些迷恋于万恶之首的人，可以醒悟了吧！"城隍说完，即鸣锣开道走了。那人记下城隍的话，广为传播。后来徐的两个弟弟健庵、彦和分别中了庚戌年、癸丑年的状元。同胞三弟兄，中了三名状元。他们的子孙都接连不断地登科。

42. **陆左城**　　明代钱塘人陆左城，以孝悌立身，见多识广，乐善好施，善行不可枚举，尤其是他所修积的阴德，是一般常人难以做到和想象的。他曾经住在朋友的一处房子里，一天夜里有一美妇来到寓所，欲就陆左城，被他严词拒绝，美妇渐悔而退。到了第二天，陆左城借故离开了此寓所。而此事，始终不被人所知。陆左城一生虽怀才含德，不为世人所知，但其后代子孙，都因孝廉明经而为乡人所称赞。他的曾孙宗楷，在乡科考试中，考中解元。后来几代人，都是联捷中榜，如芝麻开花节节高，家族享科第之荣耀，前所未有。石门的吴青坛侍御是陆的学生，听到这些事就将它记录下来，现登载在《太上感应篇图说》中。金坛王界作了记载。

43. **冒起宗** 明代冒起宗，从小就诚心诚意地诵读《太上感应篇》。戊午年进了考场参加乡试，感觉昏昏的就像做梦一样，觉得有神人帮助作文。得领乡荐名额，但会试没有考中。回家后，发愿为感应篇添注解。考虑到贪淫好色很损阴德，所以在“见他色美”一条，列举了很多报应事例。当时协助抄写的是南昌罗宪岳。辛酉年，罗考入县学生。戊辰年正月，罗梦见三位神仙，当中是白发黄衣老翁，左右各站一位紫衣少年。老翁拿出一本册子对左边少年说：“你读一下。”左边少年朗诵了好一会儿，罗听出所读的是冒起宗“见他色美”的全部注解。读完了，老翁说：“该中。”随后叫右边少年咏一首诗，少年咏道：“贪将折桂广寒宫，须信三千色是空。看破世间迷眼相，榜花一到满城红。”罗醒后详细记下梦中事，寄给冒起宗的儿子，并对他说：“你父亲就要考中了，但‘榜花’二字不知指什么。”等到发榜时，冒果然考中。后来冒在陈宗九书房的藏书中，发现《类书》中有“榜花”二字的注解：“唐朝科举，礼部发榜时，姓氏生僻的称榜花。”冒姓就属于这种生僻之姓，故诗中暗示为“榜花”。

## 祸淫案

**1. 李登**　李登十八岁时考中解元，后来五十岁了还不及第，就拜见叶靖法师问原因。法师祈祷专管科举的文昌帝君指示，帝君命令官吏拿籍簿出示说："李登初生之时，玉帝赐玉印，让他十八岁中解元，十九岁作状元，五十二岁出任右丞相。而他中解元后，私下调戏邻家女儿，事情虽未得手，他反而将邻女之父告下狱，因为这个原因功名推迟十年，并降二甲。后来，又因侵占他哥哥的屋基打官司，因此功名又推迟十年，降三甲。后来又在长安旅店中，奸淫一位良家妇女，功名又推迟十年。而今又奸淫邻家女子，为恶多端，不知改悔，官禄全被削去，死期快到了。"法师将上述情况告诉李登，李登听了，羞愧悔恨至极，不久便死了。

**【批】**李登可谓是个反复为自己制造枷锁的人，假使他早生悔恨心，修德赎罪，那么状元宰相还是可以得到的。退一步讲，犯了一次罪，后面不再作恶，那么功名富贵还可以得到一半。状元、宰相是天地的栽培、祖宗积德才得来的，现在被他一人削尽消光，实在是深深辜负天地祖宗的恩泽啊！况且所谓邪淫之乐，较之功名富贵之乐，万分不及其一，而以终身富贵仅仅换来片刻欢娱，真是愚蠢至极！由状元官至宰相，数百年间，仅见有一二人，而因为有邪淫这一孽行，荣华富贵荡然无存。更何况命运福报远远不及李登的，如果所造的孽又与李登相同，恐怕掌管簿籍的神明，未必只是用“降低官甲”“让功名延期，以等待犯人的悔改”等来警示处罚。危险，危险啊！如今那些才高学广，却穷困潦倒至老的人，应该深刻反省：自己一生中的所作所为，是否曾经犯过邪淫这类的罪孽？

**2. 徐生**　出身官宦之家的徐生，年少有才名，见邻居的女儿长得很美，便巧言说动妻子，让妻子给这个小女子先送些好处，然后再请她到家里来干刺绣活，开始频繁往来。一天，徐生躲在床后，妻子假装去厨房，徐生强暴了小女子。事情被发现之后，小女子的父母感觉面上无光，逼着女儿自尽。徐生后来每次参加考试，都会看见一个女子披着血衣来找他索命，所以一直考不中。后来，徐生被乱兵杀死。

**3. 张明三**　张明三跟随做官的父亲去海南岛，和邻居军官家的两个女儿发生了男女关系，私下带着两个女人偷渡过海。军官知道了急着追来，明三走投无路，将两个少女推下大海淹死了。十年后，明三生病腰疼，请孙医生治疗，病情略有好转。当天夜里，孙医生梦见两个女人拉他下水，并和他说：“我们是海南岛人，来向张明三讨命，你为什么阻止我们报仇？”孙医生惊醒后把梦中之事告诉张明三，明三拊着胸口说冤家到了，我危险了。”一个月后张明三死了。

**4. 刘尧举**　　龙舒县刘尧举租了一条小船去考试。船夫有个女儿，刘好几次想调戏她，没有机会下手。到第二场考试完毕，刘很早出考场，船夫去市上买东西，刘就和船夫的女儿发生了不正当关系。那天夜里，刘家的父母梦见神人告诉他们：“你儿子应该考中第一名，但他现在做了不正当的事，已被天榜除名了。”放榜时，才知道主考官原来已拟定刘为第一名，但因其试卷违反格式又被剔除了。刘非常懊悔，后来一生都没有考取功名。

**5. 钱外郎**　　常熟有个钱外郎，在乡里依仗财势，专横跋扈。村中一穷人有个很漂亮的妻子，钱外郎就借钱给这个穷人，叫他到临清地方去贩布，乘机和他的妻子勾搭上了。一天，穷人出门去贩布，因为落潮船不开，又回到家里来，发现钱外郎正开心地搂着他的妻子喝酒。穷人见状，又羞又怒，扭头返回船上。钱外郎和那妇人密谋差人扮作强盗将穷人杀了。穷人的同族人知道了这个情况，向官府报案。当地已判定奸夫淫妇死罪，钱外郎用钱贿赂上级官员改判无罪。钱外郎刚刚走出城门，忽然雷雨骤作，一个闪电霹雷，两人当场被击死。

【批】淫其妇而杀其夫，天理难容，冤魂仇恨难解。因此，人虽巧于计谋，而上天更神于报应。试看此等人，犯杀、淫罪而安然不受报的，百人当中也没有一个。这种行径与举刀自杀有什么区别呢？

6. **陆仲锡**　明朝陆仲锡，天生是个奇才，十七岁时，从师于邱某，居住在京城，对门有一女子甚美，两人经常暗暗传情，彼此心动。邱老师看出了陆的心思，于是就对陆说："京里城隍最灵，你不妨去那儿祈祷，或许城隍能成全你们。"于是陆仲锡去向城隍祷告。当天晚上，陆仲锡做梦，梦见自己与邱老师二人被城隍苦苦追赶，大加呵斥。城隍命吏官查二人的禄位，查完后得出：陆仲锡应是甲戌年状元，邱某命中无禄位。神说道："对陆仲锡，当奏闻上帝，尽削其籍；邱某当抽肠绝其阳寿。"陆仲锡从梦中刚醒，馆童就来敲门，报告说："邱先生突发绞肠痧，死了！"后来，陆仲锡竟终身不第，过着贫穷下贱的生活。

7. **朱维高**　清朝宿松县令朱维高，康熙八年做江南的考试官，录取一卷，夜梦中有人告诉他："此人有隐恶，不可中。"并且用手写一"淫"字给他看。朱问其详情，没有回答。第二天，朱维高忘记梦中事情，将这录取卷呈报给了主考官。主考官看了很赞赏，认为是难得的好文章，忽然将卷中的“险阻”二字抹去。朱说文章中这类字很多，似乎不应该抹去。”主考官也认为自己抹错了，命令朱将抹的墨迹洗去。朱洗时墨迹已渗透了考卷数层，才想起梦中的话，便不录取该考生；但朱维高喜爱这篇文章，将卷稿留下来，不过没有留下考生的姓名。这是朱维高录取学生吴履声时说的。

8. **张宝**　　张宝做成都知府时，见华阳县李尉的妻子很漂亮，就想得到她。李尉因贪污犯了法，张宝乘机告发他。李尉因此被判流放岭南，南方多瘴气，李尉在路上就死了。张宝就送财物给李的母亲，将李尉之妻娶过来，过得很开心。但不久，妇人就得了病，临死时见到李尉在她身旁。张宝亦得了病，一夜梦见妇人告诉他：“李尉已向上帝控告你，很快就要向你索命，你要深藏躲避。”张宝醒后牢记在心。一天傍晚张宝坐在厅中，见堂前有穿红袖的人向他招手，他以为是李尉之妻，急忙走过去，却发现是李尉。李尉抓住张宝痛打，张宝口鼻出血而死。

9. **汪书生**　　清朝凤阳府书生汪某，家有小池种荷花，但从未生苞开花。康熙八年，将去京补考遗才生，池中忽生出一朵并蒂莲，父母家人很高兴。晚上汪书生饮酒调戏婢女，妻子没有阻拦，两人便私通了。早晨去看莲花，花枝已折断了，父母叹恨不已。汪书生夜里梦见自己去拜谒文昌帝君，见到自己的名字已登录在天榜上，可文昌帝君忽然又将它勾去。汪书生便哭泣拜祷，连续三次都被赶下。醒来后汪书生心中知道这是不祥之兆，怏怏不快上路赶考。当时主考官简文宗录取考生十分公正，凤阳府旧有三个遗才名额，而这次参加考试的也仅有三人，可单单只有汪书生一人没有考取。接连三次大收都未被录取，汪书生只好一路流泪返家了。

10. **雷击淫贼**　明朝玉山县书生王某，在母亲丧期结婚，约定七七满后同房。王某夜里睡在母亲棺材旁，新娘睡在房中，黑夜听到叩门声，婢女说新郎来了，新娘就开门同睡。五更(凌晨)那人就匆匆离开，说："怕外人知道，说我不孝。"几夜后又问新娘嫁妆，新娘说："准备添衣的现金八十两，还有其他金银首饰等都放在小箱子里了。"来人五更就拿了箱子一去不复返。到七七满后，王某办酒成婚，在谈话中，新娘才知道前些日子黑夜来的不是丈夫，自己已被贼人欺骗了，于是顿足痛哭，痛不欲生，回去告诉父母亲后，就上吊自杀了，王某也无可奈何。在新娘下葬的那天，王某送棺到墓地，突然雷电交作，一人骤然被摄跪在棺前，原来是王某的堂兄，手捧金银首饰，被雷电当场击死了。尸首破碎，血肉横流，一城的人都惊呆了。这是正德九年的事。

11. **钱某**　　清朝顺治年间，嘉兴县钱某，没有考中前，在乡下某户人家教书。那户人家有个十七岁的女儿，清明那天，全家人都去扫墓，只留下女儿看家，钱某就与少女发生了关系。女子因此有孕，腹渐隆起，父母责问，少女就将实际情况说了。少女父母因钱某尚未娶亲，就想招钱某做女婿，这样可以遮盖这件丑事，因此就找钱某商量此事，而钱某故意拉着脸说："你女儿不肖，怎么可以诬赖于我呢？"父母怒骂女儿，少女就上吊自尽了。钱某后来常常梦见此女抱着一个孩子站在他面前。钱某考取功名后，任江宁府审判官，当时镇江地方发生叛乱，平乱后，朝廷追究叛乱分子的罪行，于是就派遣钱某前往勘查督办此事。在督办过程中，钱某大量收受贿赂，为叛乱分子开脱罪责。事发之后，朝廷判钱某死罪，处以绞刑。在行刑令下达的当天，钱某再次梦见上吊自尽的小女子，手拿着一条红巾缠在了他的脖子上。次日，钱某即被正法。

12. **某生**　　山东某生，在进考场的头天晚上，陪他来考试的仆人突然死了，某生只好将仆人的尸体暂放在另一个房间。第一场考试出来，仆人已经苏醒，告诉某生说："昨天我随你进考场里，听到你已考中第几名，考中的人的考房都插有红旗，我见你的考房也有。”某生听了大喜。仆人要求某生考中后，给他娶一个妻子。某生说：“对门家的女儿，好吗？”仆人谦让不敢当。某生说：“我考中后，还怕他不将女儿送上门来？”第二场考试时，仆人又死了，苏醒后却面带怒色说：“主人考不中了。”某生大惊，询问原因，仆人说：“我见考官点到主人的名字时，忽然说：‘此人尚未考中，暗中已有作孽的念头。’接着就命令改填赵某。主人的名下已经没有红旗了。”某生半信半疑，待到榜发，第几名果然是姓赵的考生。原来阅卷的老师将某生考卷呈送上去时，七篇文章都是满圈，没想到第三场考试的考卷被灯火烧坏半页，不能呈送，于是抽一份落第卷补上。某生为此懊悔不已。此是莱阳宋荔裳先生讲的一件实事，因与某生是同乡，所以隐去了他的真实姓名。

**13. 木材商人**　明代时，宜兴有个染坊，店主是个寡妇，长得很美。一个木材商人见到后，就爱上了她，千方百计地追求都没有成功，于是木材商制造了一个阴谋，趁黑夜将几根木材投到寡妇家里，第二天便到官府告状，说寡妇偷了他的木材，同时又用钱上下贿赂，使寡妇受到羞辱，想用这种卑劣的手段来迫使寡妇屈从。寡妇便向家中供的一尊骑黑虎的武财神哭诉。晚上，寡妇梦见财神对她说：“已命令黑虎去处置木材商了。”过了几天，木材商进山去买木料，树丛中突然窜出一只黑虎，将商人的头咬下而去。

**14. 支书生**　　清朝嘉善有个姓支的书生，康熙八年秋天参加乡试回来，对好友顾某说：“我神魂恍惚，似乎有鬼祟随身，想找某僧人去忏悔罪孽。”顾某说可以，于是顾某邀来僧人一同去看望支生。支生突然发疯，说：“我含怨三世，今天才找到你。”僧人问：“有什么仇恨？”对方说：“我前生是他的属将，他为主将，姓姚，是朝廷显要的亲戚。他看见我妻子年轻美貌，便令我领兵出征，陷我于死地，企图霸占我的妻子。我妻含恨自杀，从此一家骨肉分散。他后来死于忠义，我没有机会报仇。他转世后做了高僧，我又不能报仇。他第三世任宰相，有政绩，福禄神都护佑着他，我仍然不能报仇。今世本该科考有名，我等候了三十年，近来因他有奸淫妇女的恶业，被削去了官籍，我才有机会下手。”说话时愤怒不已。顾某劝解说：“冤仇宜解不宜结。”那厉鬼回答说：“我恨难消，不想饶过他。”支生竟颠倒而死。

**15. 某书生**　　贵州某生，参加科举，屡试不中，于是请张真人写一疏章到天庭查问。天神批示说：“此人应该考中，因淫婢故，已被除名。”真人从坛前起来告诉某书生，某书生说无此事，于是写牒申辨。神复批示说：“虽无其事，实有其心。”某书生这才悔恨莫及，因为少年时见婶婶美貌，偶然动了邪心。

**16. 严武**　严武少年时，邻居是位高级将领。严武见他女儿很美，就千方百计去引诱她，最后两人一起私奔了。将军向皇帝报告，出追捕文命令收捕二人。严武非常害怕，就将女人缢死以灭迹。严武后来在四川患病，见此女来讨命，说：“我虽行为不正，但没有对不起你的地方，可你却将我杀死，你太狠心了。我已诉于上帝，你的死期，明天就到。”第二天黎明，严武果然死去。

**17. 刘公差**　江宁县有个差役刘某，有一犯人因罪坐牢，需要十多两银子便可赎罪放归。犯人因此托刘到他家去捎信，叫妻子将女儿卖了去赎罪。刘即到犯人家与他的妻子商议。刘见犯人的妻子很有姿色，便想奸污她，那女人因想到丈夫的性命有赖刘差役的关照，只得勉强顺从，之后又将卖女儿得的二十多两银子，全部交给刘，作为丈夫赎罪的费用。刘将银子拿回去自己用，却不为犯人交赎金。犯人之妻以为赎罪的银子已交给官府，丈夫可以很快回来，等了几天毫无音讯，便托一位同族人去监牢探问，并向犯人说了赎金之事。犯人听罢，大哭而死。过了十天，刘患病，寒热交攻，自己说：“某人在东岳地府控告我，判官立即要提审。”然后伏在床上哀号，自己说：“该死。”

接着又说："因我一贯爱说谎，判官要用铁钩来钩我的舌头。"一会儿，刘伸出舌头数寸，然后自己将舌头咬得粉碎，血肉淋漓而死。

**18. 杨某**　宿松杨某在当地学子中很有名望。平日里，他供奉关帝神极其诚敬。有一夜，他梦见关帝赐给他一枚方印。杨某依据此梦，认为自己科举必中。后来，他在楼下奸淫一良家女子。考毕回家，他又梦见关帝向他讨回方印。杨某说："方印已给我了，为何又要讨回去？"关帝说："我不但要索回方印，还要你的命呢！某月某楼上发生的事，你做得心安吗？"不到一个月，杨某父子俱死。

**19. 符秀才**　明朝正德年间，宁波有个符秀才死后托梦给儿子，说："我生前犯下了淫乱罪，明天投生到南城谢五郎家做狗。你快些做善事，为我忏悔。"话才说完，见一鬼牵着他父亲的头颈，一鬼用白皮蒙住他父亲的头，父亲悲悲啼啼，踉踉跄跄地走了。儿子于是惊醒。第二天，谢家的狗果然生崽，全身是细细的白毛，符秀才之子便将此狗买回家，为这条狗广作善事。五六年后，这条狗不吃东西而死去。过了一个多月，家中的小丫环忽然像符秀才生前那样坐在堂中，召集家中人大声说："我其实并未做淫乱之事，但我十八岁那年路过嫂嫂的房间，嫂嫂正梳洗打扮，戒指落在地上，叫我为她拾起来，我因此动了情欲。

后来嫂嫂又经常与我说笑，差点儿坏了名分。嫂嫂后来因此病死，我也感到神思不定，第二年也死去。我死后，有一鬼将我捆至一官府的堂下，我两只手趴在地上，已变成狗的形状。现在因你行善有功，我因此得以忏悔前世罪孽，现在我将投胎到山东赵医士家为第五子，特回家一别。”说完，小丫环倒在地上渐渐清醒过来。

**20. 吕某**　　云间县吕某是富贵世家子弟，他纵情淫欲，家中的女人婢女等多遭其玷污，许多因此患病。后来吕某的子女都死光了，吕某吃了官司，屡受官刑，以致家道破尽。中年时，已困苦备极，寒冬无衣，饥饿无食，房屋破漏，有病无人探视。死时连寿衣和棺材都没有，尸体生虫腐烂，看到的人都觉得凄惨极了。

**21. 某考生**　　清朝康熙癸酉年，科举大考，松江一位考生，头场进考房时，刚接过考卷，忽见有一鬼随他入号而坐，因此受惊吓哭泣，其他考生也不安宁。到了第二天的晚上，第三次考卷已经做好了，那鬼过来掐他的脖子，他疾呼邻号的考生来救命，并且哭着向大家说：“某年到湖南，我爱上一女子，骗她说未结婚，要娶她为妻。女子喜悦，信以为真，就同居了。事后，还赠我很多银两，随我一同回家乡。不料妻子不接受，她被虐待而死。今天她既然来了，我还能活吗？”邻号考生好言劝慰他。不久，又听见他在喊救命，然后就没有声息了。于是，有人叫巡值军人去探望，见这名考生用系笔的红绳，自扎头颈气绝身亡。

【批】《南陵丹桂籍》评论说："此人对一个女子骗奸致死，罪不容赦，但是一定要让他进入考场后再死，还让他说明原因后再死，而且让所有参加考试的士子全都知道事情的来龙去脉后再死。天地神明借此昭示淫祸报应，其警戒之意真是至深至切。"

**22. 荆溪富友**　明朝荆溪有两个人交朋友，一个有钱，一个贫困。穷友妻子美貌，富友想阴谋得到她。一天富友对穷友说："外地有一富家，我可介绍你去工作，你带着妻子一道去。"于是，三人租了一条船出发。船近深山时，富友对穷友说："到了，咱俩先上去找找路，留你妻子在船上等着。"就将穷友引至密林中，拿出腰中所带的斧子，将穷友杀害，然后假装悲痛地跑下山，对穷友的妻子说："你丈夫被老虎吃了。"妻子大哭，于是一同上山去找尸首。在深山处，富友抱住穷友妻子求欢，妇人不从！正在危急时刻，突然真的跳出一只老虎，将富友叼去了。穷友妻子惊吓奔走，认为丈夫已入虎口了。不久，见远处有一人哭着走来，近前一看，原来是她的丈夫。两人各自把所经历的事情说了一遍，转悲为喜而归。

**23. 杨枢**　　浙江余杭有个商人张某，贩货到南京，住在旅店，有个妇人自称住在附近，便与张私通。时间久了，张某察觉邻居中没有这个妇人，因怀疑而追问她。妇人说：“我正有事相托，我不是人。有一个叫杨枢的人，不正是与你同乡吗？”张说：“是。”妇人顿足咬牙说：“这个人太没良心了，我本是一个妓女，年轻时与杨枢相好。他千方百计讨我喜欢，对我的关爱无微不至，还发誓要娶我回家，生死相守。我便将所有积蓄交给他，并坚守自己的誓言等待他。他走后久无音讯，后来听说已另外娶妻了，我便含恨而死。这个客店即是我生前居住的地方，我想搭乘你回家的船去他家，看看杨枢的妻子究竟怎样。”张某同意了她的要求。到了后，妇人告别张某，便去杨枢家。杨枢正在举办寿庆，奏乐宴请宾客，突然暴死。他所娶的妻子也生了一场大病差点死去。张某听到此事非常吃惊。

**24. 张安国**　　张安国有文才而无德行，曾奸淫一邻女，并且致使该女死于非命。后来他参加应试，主试官对他的文章惊叹不已，准备取为第一名。刚起了这个念头，忽闻空中有呵斥声：“哪里有淫人害人的人可以作为榜首的？！”主试官闻此声，应声倒地，等他苏醒过来时，再看试卷，已裂为粉碎。放榜后，主试官招呼安国来到房里，把事情的经过说了一遍。安国听罢，惭愧而死。

25. 江实　建昌人罗某家贫无钱娶妻，他的母亲只好改嫁给江姓人家，换得银两，为他娶了章姓媳妇。罗某想到自己的母亲，为了自己娶媳妇而被迫改嫁，内心十分悲怆，所以不忍心与新媳妇同眠共枕。新娘知道了这一情况后，立即脱下簪珥、衣服叫丈夫拿去还给他们，把母亲换回来。丈夫听了大喜，就急奔江家去告诉母亲。来到江家后，天色已晚，遂留宿。不料江翁前妻的儿子江实偷听到此事，连夜到罗家，冒充罗某拣取所有衣物、首饰，并向新娘求欢。章氏因新婚害羞而没有识破其中的诈伪。天不亮，江实携带所有簪珥、衣服而去。到了天明，丈夫回到家，章氏这才知道自己受骗了，愧恨不已，上吊而死。丈夫悲愤交加，为章氏举办后事。出殡那天，丈夫抬着棺材，来到郊外，准备下葬。突然，天空雷电交驰，震死一人。此人手捧簪珥、衣服，跪在棺前，其背上书写“奸贼江实”四个字。木棺被雷震开，新娘站在道旁，见到丈夫就问：“这是怎么回事？”丈夫告诉她情况后，夫妻二人相拥悲泣，搀扶而归。继父江潮，亦被感动得涕泪不止，于是邀请罗某夫妇和他们住在一起。

26. 许兆馨　明代福建晋江的许兆馨，是戊午年的举人。在前往拜见录取自己的老师途中，路过一座尼姑庵，见一少年尼姑长得很美，就用自己的势力威胁而奸污了她。

第二天，许突然自己咬断舌头为两截，暴然而死。

**27. 铅山某人**　　铅山有一个人，看上了邻家的美妇，几经引诱，少妇不从。后来，少妇的丈夫生病了。在一个大雷雨天，这个铅山人穿了一件带两只翅膀的花衣，翻墙跃入邻家，举铁锤将少妇的丈夫杀死，然后翻墙跃出。人们都以为少妇丈夫是被雷击死的。此人后来请媒人向少妇求婚，少妇因为生活困难，就嫁给了他，婚后夫妇生活得很愉快。一天少妇整理衣箱，发现了那件花衣，感觉非常奇怪。此人笑着讲出以前的事，少妇假装说不予追究，等他出去以后，就拿着这件衣服向官府告状，官府将这个人处以绞刑。行刑那天，雷声隆隆将他的尸体震得身首异处、四肢断裂。

**28. 郭亨**　　江宁考生郭亨，己卯年去考试。未放榜时，其友杨生告诉他："我近来做阴司判官，知道你该考中第五十七名；但你家中一婢女，被你强迫纳为小妾后，因为受气不过而死。她死了之后，多次来判官这里告你，你已经被天榜除名了。"郭亨起初不信，后知本房批卷老师已经推荐了，但榜上却无名，这才大生悔恨！郭亨一生忠厚，只因此事不慎，而潦倒终身。

**【批】**按《功过格》讲："留婢作妾，有三十种过失。"

其中的道理，讲了很多。若仔细揣情酌势，会发觉不仅仅是三十种过失，而是有无穷的过失。一般讲男女婚配，人虽贫贱，而各有所愿，强纳人为妾，已违其本愿。而最难堪的是，少妇配老夫，又常遭凶悍正妻的嫉恨，小妾由此心有怨气，郁郁而死。遭此毒害的人，实为世间可怜悯者。追究源头，都是因一人不能节制淫欲而导致。至于妻妾之间，互相诟骂相争，中冓之事，丑秽难掩，潜在祸患，绝非一端。所以，人不到万不得已的时候，千万不要留婢做妾，慎毋因此而造作无穷的罪孽。

**29. 王勤政** 滁阳县的王勤政，与邻妇通奸，二人约好准备私奔。妇人为此将自己的丈夫杀了。勤政闻此消息，大惊失色，于是独自逃到相距七十里以外的江山县，以为可以躲过此祸。王勤政饿了，独自上饭店吃饭，店主却为他准备了两份饭食。勤政问原因，店主说："难道这位披头散发跟你一块来的不是人？"勤政一惊，知道怨鬼已跟来了，就赶到衙门自首了。后男女二人俱伏法。

**30. 孪生兄弟** 豫章有一对孪生兄弟，相貌声音都一样。从小长到三十岁，两人遭遇得失都相同。三十一岁时，兄弟两人到省城参加科举考试。邻居有个寡妇长得十分美丽，先勾引哥哥，兄长严肃地拒绝了她，并且以此告诫弟弟，弟弟假装答应，暗地里却与妇人私通。妇人开始不知与她私通的是弟弟，两人的感情越来越深，弟弟还与妇人相约:“我如果考中，一定娶你为妻。”到发榜时，兄长考中,弟弟落榜了却欺骗妇人说:“等我上京考取后娶你。”并且向妇人说路费不够，妇人将自己的积蓄全部给了他。第二年春天，兄长考中了第一名。妇人在家朝夕盼望，杳无音信，忧郁成病，于是悄悄写了一封信给兄长，不久便死了。兄长接到妇人的信，感到吃惊，便追问弟弟，弟弟低头承认与妇人偷情之事。第二年，弟弟家的儿子死了，而哥哥家的儿子安好无恙。弟弟大哭不止，两眼哭瞎，没有多久也死了。哥哥当了高官，而且多子多孙，可称得上全福了。

**【批】**凡人遇祸患时，不可全部归于命运，应该认真地反省自己一生所为,做了哪些坏事,招致今日之祸,深深地自责，改过自新，这样才能挽回神明的谴责与愤怒，转祸为福；不然，也会落得像豫章弟弟一样的下场了。

31. **某生**　维扬县某生，写了一部淫书，就在快要完稿的时候，梦见神呵斥他，醒来悔悟，就停止不写了。后来因儿子死了，家境贫困，于是又把他写的淫书稿件拿了出来，刻印挣钱。没有几年，某生眼睛失明，手生恶疮，五指拘挛，凄惨而死。

32. **郑生**　清代康熙丙午年，兖州下属县里有个郑生，长得英俊且有文才，爱表妹美丽贤淑，向娘舅求婚。娘舅没有答应，却把表妹许配给邻县萧家的儿子。不过这位萧家的孩子一病几年，所以一直没有结婚。郑生买通表妹的婢女，得到表妹的睡鞋和香囊，带在身上并拿给萧氏的亲戚看，说表妹与自己有私情。他认为萧家知道这件事后必定会退婚，退婚后，表妹就是破罐子没有人要了，然后再去求婚就能得到了。萧家听到了谗言，半信半疑，派人去问女孩的母亲。女孩听到诽谤自己的谣言，难忍心中愤怒，取过利刀一挥，就这样一下子自绝而死了。她的父亲到官府去控告，邑宰某公廉洁公正而且刚毅，拘捕郑生拷问，结果真相大白，郑生被处以极刑而死。

**33. 江南书生**　　江南有一书生，文才很好，但平常好谈人家闺房中事。己酉年在考场第三场点烛时，忽见自己的卷面上有“好谈闺房”四个字，急忙用手擦去，在誊正时发觉卷面已破。后来，考官批卷，他的文章篇篇极佳，七篇得满分，预备批第一名，却发现没有第三场的考卷，因此没录取他。书生从此潦倒终身。

**34. 秦生**　　明代末年苏州有一位姓秦的书生，平生好学多才，尤其擅长作诗谱曲；但人品极其轻薄，喜欢讽刺人，见到相貌丑陋的人，当面就能作出一首诗来；若听到有什么可笑的事，只要一入他的耳，就马上可以完成一首歌，以此嘲讽他人。他的好友开“后门”进学堂，秦就作《游宰诗》一百首“贺”他；邻居家有男女丑事，秦就作《黄莺儿》十首“赠”他。风花雪月，捕风捉影，写得有声有色，其作品流播人口，达于远近。秦生因此屡屡受人打骂，且被告到官府，甚至要除去他的功名，但他还是不改正。晚年他忽得疮病发狂，吃自己的粪便，拿刀自割舌头。家人夺去刀，将他锁在空室中。他找不到刀，于是就自嚼舌头，细细吐出，臭闻户外。后来，他从窗户缝隙看见庭院中有劈柴斧头，就奋力冲出窗外，取斧自斩而死。

**【批】**于觉世说，以秦生的才华，用来劝人向善改善民风是不难做到的，可为什么要把这种才华当作自己杀身取祸的工具？这与用隋侯的宝珠去弹雀，用太阿的宝剑去砍柴有什么两样？最近有一书生，自认为是个奇才，考试必中，然而喜好把经书的圣贤教诲拿来作戏谑之谈，后来屡次被推荐录取，每次皆因后场有讹而名落孙山，这都是毁谤圣言教诲的果报。世间有点才学的人士，往往犯此错误而不知其非。噫！如此读书，与优人演戏有何不同？读书人的形象就是被这种人败坏的。

35. 孙岩　　李叔卿，平素廉洁谨慎。他的同僚孙岩非常忌妒他，公然在众人面前口出妄言说：“李叔卿这人空有其名，在我看来，猪狗不如。”有人问为什么，他说：“叔卿的妻妹怎么再做人呀？”这话一传出，传得到处纷纷扬扬。叔卿听说后，本想辩明，又不便出口说这种事，愤恚难忍，遂气郁而死。他的妻妹听说了这事，大为惊恨，遂上吊自尽。不几日，雷雨暴作，将孙岩击死，暴尸在叔卿家门前。孙岩下葬之后，天空又放雷电，击塌了他的坟墓。

【批】此是因忌妒而存心毁谤他人，所以受到如此严重的报应；但是，要注意，即使是无心戏谑，也万万不可！此有一案例，在壬子年，浙江考场，有一妇人进入考场，随走随叫："东阳王二。"整个考场的考生都吓得不得了，举灯烛出来照，但不见人影。然后，大家又挨号寻找，考生中果然有一个叫王二的。大家告诉他："有个妇人一直在叫你的名字，你听见了吗？为什么会这样？"其人思考良久，说："好几年前，本家族几个老少爷们在一起戏谈说笑，偶然说到村里一孀妇守节的事，当时我说这是难以相信的。后来，这个孀妇听说了，居然气愤而死。不知道是不是这个原因。"王二说完，十分恐惧，不敢完卷，收拾收拾，就退出考场。一出考场，就在阶梯前摔倒，磕伤了额头，有人扶他回到旅馆，第二天一早，就过世了。可见，凡是涉及他人名节的戏谑话，断不可轻易出口，否则害人害己。

**36. 蓝润玉**　蓝润玉，弱冠年少，即已才华横溢，相貌丰姿卓越，他的同学都认为，他将来必定是金马玉堂，富贵人间。他的家与某尚书家为邻，尚书有个女儿，已许配人家，但尚未出嫁。该女才色，倾动一时。蓝润玉偶然在该女坐车时见了一次，归而渴想。有一日，他闲步来到后园，听到隔墙女子说话声，就搬了梯子而窥视隔壁大院。一看，原来就是车上的那个女孩，于是在自己家的大院墙下，偷偷凿去半砖，每天都窥看这个女孩。过了半年女孩出嫁了，蓝润玉也就再也没机会看女孩了，非常忧郁和惆怅，于是就写了一首《长相思》的词。他的一位朋友发现了，二话没说，就把词投入火中烧了，并告诫蓝润玉，此事万不可再跟其他人说，因为与阴德有大牵累。蓝润玉笑这位朋友迂腐。后来，到了考试时，蓝润玉梦见有神把自己的眼睛给挖掉了，醒来后感觉眼睛很疼，两个瞳孔如针刺般不能睁眼，因而交了白卷而出。回到家里，疼痛不止，遂双目失明。等到放榜时，那位烧《长相思》的朋友，金榜题名。

**37. 某公子** 吴地某公子，欲奸一寡妇，于是找到自己的一位朋友谋划此事。这位朋友即授计给他，并商定好了开始行动的日子。到了该日，他的父亲梦见一穿红衣服的神告诉他："你儿子本来可有功名，但因心术坏，功名完全削去，而他的朋友命本贫贱，还为人计谋，助人为恶，应当斩肠而死。"父惊吓而醒，急忙赶到儿子学堂，果然听说儿子的这位朋友，腹痛哀呼而死。而该公子也渐渐发狂，披头散发乱走街市，最终无法救治。

**38. 某人**　　浙江有个姓皇甫的人，是乾隆年间的进士，被罢官后，在丽泽书院讲学。后来老夫妻俩生活凄惨，困顿而终。他常常给别人讲他的故事："在我做某城知县时，门下有个书生，有才无德。乡试中榜后，就嫌弃自己在家的未婚妻贫穷，图谋退婚。这时，正赶上此女得了一种'大肚子'的怪病，书生就借此机会，到我这里指控他的未婚妻，说她未婚先孕，求我为他做主，离此婚聘，于是我就拘讯了此女，并且不问是非，不容许该女辩明就随便认定其不守贞操，结果该女为表示清白，竟拿出刀子把自己的肚子剖开，证明肚内无胎儿。该女剖腹而死之事，很快传到了上面，于是上面追查下来，书生伏法抵罪，而我也因此被免官。我只有一个儿子，已经中试，怎奈在大白天看见那个女鬼来，就吓死了。如今，我夫妇二人老而无依，眼看将成为他乡无祀之鬼，报应真是太惨了。"

## 悔过案

1. **洪焘**　明代人洪焘，有一天暴毙，恍惚间被一绿衣人引到阴府。洪问绿衣人自己一生的食禄如何，绿衣人从衣袖中抽出一卷装在布套里的档案材料给洪看，洪看自己名字下面密密麻麻地写着许多东西，字小如蚊子，无法全部看清，只见后面的批注上写着:“原本官可做到参政，但因在某年某月某日奸淫了一处女，被降为转运副使。”洪看了落泪，问绿衣人：“这可怎么办才好？”绿衣人告诉他：“只要力行善事，就可补过。”忽然走到一条大溪前，绿衣人将洪推落溪中，洪大惊而醒。这时已经死了三日，家人因摸洪心口还暖，所以还没入殓。洪醒来后，痛自悔改过失，尽力广行善事。后来上级派他做两浙漕运使，他非常害怕食禄到此终结，但并未出现意外之事。后升端明殿学士，长寿而终。这是力行悔过所得的善报。

**【批】**世人见到有人犯邪淫而仍旧富贵，就起了疑惑，认为因果报应不可信，他哪里知道洪焘命中官本应为参政，因犯了邪淫而暗中降为转运使。他又哪里知道洪焘因力行悔改，将功补过，其官运又由漕运使冥冥中升为学士。所以，慎毋不生敬信，甘心像李登那样，断送了状元、宰相的福报之时，还沾沾自喜中过一个解元。

**2. 某书生**　清代汉阳有一书生，平素以才气闻名，但数次考试都落第。一朋友为他请乩叩求，乩神答示："该生本应有功名，但因年轻时曾与一婢女私通犯淫，所以想盼功名，已经不可能了。"该书生听后，十分惊惧，立愿改过向善，并编辑《戒淫功过格》，广采注解案例，又募款刊印，到处施送。结果到了康熙丙子年，该生再去参加考试，竟然考取。许多人都认为，这是改过行善所得的福报。

**3. 项希宪**　明代项希宪，原名德棻，曾梦见自己考中癸卯年的乡试，但因以前曾淫污过两个年轻婢女而被天神削去科名。醒来之后，发誓戒邪淫并力行善事，以赎罪补过。后来，他又梦见来到一个地方，见一黄纸上所写的第八名为"项"姓，中间一字很模糊，最后一个字为"原"字。旁边一个人告诉他："这是你原来的天榜名次。因你近来改过向善，所以，你又恢复了原来的科甲名次。"于是自己改名为"项梦原"。壬子年乡试，他考中顺天第二十九名，己未年会试，考中第二名。这时，他开始怀疑：梦中的第八名怎么会不准呢？等到参加殿试，得二甲第五名（一甲有三人为鼎甲），这时他才悟到，合计鼎甲所得名次，加起来恰是第八。另外，乡试、会试的榜文都用的白纸，只有殿试榜文才用黄纸。

**【批】** 因梦警悟，而能痛自改过，还是有福人的气象；不然，功名已经削去，怎么又会再恢复呢？由此可见，天道祸淫，不加悔罪之人。世间有志者，不可以为失过足、造过业就没有办法。

4. **贾仁**　　贾仁，五十岁仍无子。一日，夜梦来到一府第，上有匾额题曰“生育祠”，于是，他就磕头求子。生育祠的主神，取来一簿给他看，说：“你曾经奸淫别人的妻子，欲求子，不可能了。”贾仁哀求说：“小民无知，乞求能够让我有赎罪的机会。”神答道：“你既然已经悔过，若能劝化十个人不邪淫，才可赎罪。如果再劝化更多人，就可以得子了。”贾仁醒来，痛自悔改，因而广劝世人，很多人因此受到感化。后来，他得了两个儿子。

5. **钟朗**　　辛卯年，浙江科举考试即将开始前，有人梦见诸神聚会，考校和监察此次应中榜的几位考生。第一名的是个叫钟朗的人，有一女子前来诉怨，中间坐的那位神说：“该生不可中。”于是，要另找一人补名，旁边的一位神答道：“可以让孺子代替他吧？”此人醒来后，将梦告诉钟朗，并问明原因，才知道原来钟朗曾淫污了家里的婢女，导致婢女怀孕，但钟的妻子不能容纳该婢女，婢女就跳河自杀而死。此后钟朗时常内心不安，听到了这个梦后，更加恐惧。此次大考揭榜，钟朗果然没有考中。有个叫余恂的人中了第一名，所谓“孺子”，正是余恂的字。不久，钟朗的妻子病死了，钟朗更加害怕了，于是发愿忏悔，力行善事而不敢懈怠。结果，第二年，也就是甲午年的科举，钟朗仍考中解元。

6. **张某**　　华亭人张某，年轻时常邪淫，后来生了两个儿子都夭折，自己又得了痨病，多年不愈。一次偶然得到一部善书《丹桂籍》，书中注载了许多邪淫报应的案例，自己非常感慨和悔恨，就跪在神前发誓，永远戒除邪淫，并且又印了《文昌帝君阴骘文》，到处施送。过了一段时间，张某的身体竟完全恢复健康，数年间连生三个儿子。

7. **田某**　　明代田某，长得丰姿俊雅，因此乡里许多妇女争相投怀送抱，导致其一直无法安心读书，便移居到附近的南山寺读书，但寺旁仍有女子私奔而来。田某明知不对，却又无法断除邪淫。田某时常梦中见到一神，有一日，所梦见的神竟在白天现身，并告诉田某说：“你原本是可做到御史官的大福命，但因多情于花柳，功名已几乎削尽。上帝命我来监视你，如果你能从今天起便彻底改过，仍然还可以得到功名。”田某听了，大为省悟，并彻底悔改向善，后来果然考取进士。

8. **曹稚韬** 明朝崇祯年间进士曹稚韬，还在当学生时，与邻家妇人私通。妇人的丈夫发现后，欲杀死奸夫淫妇，一日假装和妻子说："我明天要出远门，必须经数日才能回家。"妻子听了，暗中欢喜，第二天便约曹稚韬晚间来家中幽会。那天恰好是文友聚会的日子，大清早友人来拉曹去，他不肯去。友人知道他不肯去的原因，强迫把他拉到聚会的地方，并向主持人建议："今天作文，要按照大会场的要求办，夜晚宴会时，不醉不许走，不遵守以上约定者受罚。"并请主持人封锁门户，任何人不能擅自出入。曹窘迫不安，不得已草草写完作文，就想退场，大家一片哗然："有约在先，为何急于回家？"到宴会饮酒时，曹因有心事，故意少饮。为了不让曹夜晚去做败德的淫事，文友们故意把曹灌醉，等曹醉得不省人事时，才送他回家，但已醉得不能与妇人约会了。当天夜晚，邻妇倚门等候，久久不见曹来赴约。结果有一个无赖汉，知道该妇平日不守妇道，见她倚望，八成是等不到约会，无赖汉便上前挑逗该妇，该妇竟也没有拒绝，带他进门。早就守在家门外暗处角落潜伏察看的丈夫，这时手持斧头破门而入，杀了无赖汉，又杀了妻子。第二天，曹稚韬酒醒得知此事，即请文友们作证，对神明发誓，坚决行善补过，永远不再走邪淫之路。曹数年后考中了进士。当初曹稚韬由生而死，由死而生，间不容发。他之所以免于一死，全仗善友的挽救。那个无赖看见有机可乘，竟毫不顾及暗中有祸即将来临，一转眼的工夫便成了斧下鬼。俗话说:“奸必杀！”真是没有说错。

9. **张宁**　张宁，晚年无子，一日在家庙前祈祷:“我到底有什么罪孽，以至于断子绝孙？”旁边的一个小妾说:“若不耽误我们，便是阴德。”张宁悚然醒悟，于是观察诸小妾，凡不愿留下的，都让她们改嫁，如此嫁出了好几个。次年，张宁即得一子。

10. **崔书绅**　上海崔书绅，曾请人画春宫图十几幅，每幅都画得惟妙惟肖，淫荡无比。后来他得了疟疾，每次疮热发作时，就看见美男子、美妇人十多人，赤身露体，被鬼挟着剖肚子、抽肠子，血流满地。接着，鬼卒又对崔某剖腹钩肠，崔某疼得哀号惨叫，自言自语地说是受到画十几幅春宫淫画的报应，全屋的人都听到了。崔某清醒后，急忙将淫画全部烧毁。淫画烧毁后，崔的病竟也渐渐消除了。

11. **赵岩士**　赵岩士，少年时就开始犯淫色，后来身体逐渐衰弱、精神恍惚，乃至骨瘦如柴，几乎到了不能活的地步。一天，赵刚好阅读了谢汉云刊印的《不可录》

一书，不觉汗流浃背，才醒悟到自己犯邪淫的凄惨报应，因此痛改前非，并且将《不可录》一书的印板请来，捐资助印并施送。后来身体渐好，精神渐旺，接连生了六个儿子。

**12. 某书生**　　明朝嘉靖年间有位书生，住屋的东邻有一艳妇，时常向他抛送媚眼。有一天，艳妇乘丈夫外出的机会，在两家的隔墙下挖洞，招引书生，叫书生越墙相会。书生内心也怦然而动，问："怎么过去？"妇人嘲笑他："读书人难道不知道逾东家墙的故事吗？"书生找来楼梯爬上墙头，忽然转念想到："人可以瞒，天是不可以瞒的。"就下去了。妇人又来到墙洞边花言挑动，书生再次动情，第二次从楼梯爬上墙。当骑墙即将过去时，又思量："天终究是不可瞒的！"于是急忙下墙，关好门，出去了。次年，书生北上参加考试。主试官进场当夜，突然耳边听到有声音说："状元乃是骑墙人。"等放榜后，主试官召见状元询问，才知道他骑墙复退、临时悔改的前事。

**13. 张玮**　　明朝万历壬子年，武进县的张玮，与某生同往南京应试。在他们到达旅馆的头天晚上，旅舍主人梦见迎接天榜，天榜上的解元乃是与张玮同来的某生。主人将所梦告知某生，某生听了洋洋得意。主人的两个刚成年的女儿住在楼上听到了，怦然心动，于当晚叫婢女招引某生，并缒下布幔做梯。某生拉张玮一起爬布梯上楼，张玮爬到一半，忽然猛省："我是来考试的，怎么做起这种损阴德的事呢？"于是，他急速而下。而某生，则毫无顾忌地攀到了楼上。当晚，旅舍主人又梦见天榜，见到榜上的解元已经换成张玮，主人大骇。次日，主人将梦告诉某生，并问他做了什么事，某生面红耳赤不敢回答。到了考完试放榜，果然张玮中解元，而某生竟落第，某生大为惭悔，后来贫郁而终。

**【批】**张玮与骑墙人，都是属于临犯时一刹那而悔悟，比起曾犯邪行而后来力戒的人更为可嘉。若此时不幡然省悟，不但顷刻之间就失去了命中应有的功名富贵，而且将来还会堕入无边苦海，多么可怕呀！

**14. 黄山谷**　宋朝著名诗人黄山谷（庭坚），曾经喜欢写一些冶艳的诗词。有一次和画马的名师李伯时去谒见圆通秀禅师，秀禅师首先劝戒李伯时不可将一生心力用在画马上，倘若念念马身，只怕来世堕落投胎为马。然后，禅师呵责山谷说："大丈夫怎么能甘心情愿地把翰墨之妙，用在艳词淫诗上面呢？"山谷笑着说："难道我也会堕入马腹吗？"禅师说："伯时念马，堕为马身也只是他个人的事，但你写艳词，却是挑动了天下人的淫心，这种罪过，何止是堕入马腹，恐怕泥犁地狱等着你去呢。"黄山谷听此，心起恐惧，惭愧谢别，从此绝笔。

**15. 钱大经**　四川人钱大经，长得神貌俊秀，而且下笔千言，文才很好。十七岁就外出求学，历经科考应试多年，然屡考不中。庚子年的大比试即将开始，钱大经于文昌帝君坛前祈祷。当晚便梦见青衣童子，领自己到帝君前，帝君命神吏察看簿册，册上记载着："钱大经，本当二十岁考中乡榜第二名，接着考取殿试会考，名闻天下，官位做到二品，享年七十三岁；但由于编撰了三部淫书，因此功名全部削夺，寿命也不长了。"文帝教导大经说道："你一向存心忠厚，而且孝道和朋友之交方面，也没有过失。无奈你编撰淫书，使得许多男女看了后，败名丧节。要不是你前世积了许多阴德，你今生早就入地狱受苦了。"钱大经于是发重誓，逢人劝戒，遇到淫书就买来焚毁。后来，以明经任官，活到六十二岁。

## 同善养生

**1. 谢汉云**　　云间人谢汉云，自幼即百病缠身。因念诸恶业中，唯邪淫罪最易犯，于是他就把繁阳冯太史所编辑的《不可录》一书，重新修订，整理出版，使其广为流传。当此书的印刷板刚刻好，那缠绵日久的痼疾突然不治而愈。后来，他的子孙后代，都名振一时，如星门、霞轩、体三等人，相继科甲登第。其家族，皆是书香门第，代代相传，没有断过。

**2. 徐信善**　　徐信善和杨宏是同学好友，曾一起去参加考试，住在同一客店。有一天，他们遇到一位很有修行的高僧，僧人说："杨宏将来大富大贵，而徐信善却贫穷一生。"就在这天夜里，杨宏偶然看见客店有一个美丽的少女，他想拿很多银钱去向少女求欢。徐信善知道后，严词强力制止了他。第二天，僧人又遇见徐，他十分惊讶地说："怎么一夜之间，你的脸上生出了阴骘纹？变贱相为贵相了，将来定会大富大贵。"他又看了看杨宏说："你的气色已经不如昨天，虽然和徐信善同样显贵，但名次在他之后。”等到发榜，果然如他所言。

3. **王行庵** 宋代简州进士王行庵，平日操行严谨，一丝不苟。他的表弟沈某和他是邻居。沈某平素好淫，王公经常规劝他，可他不听。不仅如此，他还暗地指使一个女仆去勾引王公，被王严厉拒绝。他不甘心，又择一美婢，继续勾引王公，又被严词拒绝。沈本想用女色去迷惑王公，使他犯色戒而取笑他，结果没有得逞。一天，王公与沈某外出，不料遇到强盗，沈某因船小而得以逃脱，而王公的船却被强盗截获。突然间，雷电交加，强盗胆战心惊，弃船而逃。王公的船平安返回，一无所失。后来，沈某一天外出回家，撞见他的老婆与他人通奸，他想拿铁棍打，忽然双手无力，不能举起。他怒目顿足，长叹一声而死。王公五十岁那年，生重病，他设祭神坛，请道士奏疏祈祷。道士跪伏了很久，才回答说：“查阅了先生的寿数，只能活到五十岁；但上天因先生两次不邪淫，并且能真心实意劝诫他人，所以增寿三纪。”（十二年为一纪）王公听了，肃然戒惧，后来果然活到八十六岁，亲眼见到后世儿孙富贵发达。

**【批】**王行庵与徐信善先生，他们既能持己自正，又能规劝爱护别人。他人若能听从劝告，固然能受到规劝者的恩泽；即使他人不听劝告，执意妄为，但规劝者的一片慈悲之心，也足以感动天地而获福报。世间人到底有何理由，而不力行劝人戒淫呢？

**4. 某书生** 嘉兴县某书生，天性敦厚，喜欢隐恶扬善，凡遇同学或亲戚朋友谈论闺门妇女之事，就严加阻止，厉色劝告，并且写了一篇《口孽戒文》，垂训后学。后来他进试院参加考试，在发榜的前一夜，于梦中见到去世的父亲对他说："你前世少年考中进士，因恃才傲物，上天罚你今世屡考屡败，终生不发达；但上个月有一考生，本应此次考中获得功名，因为奸污了一个未婚少女，而被除名，文昌帝君上奏，说你作《口孽戒文》，劝诫后学，阴德很大，将你的名字递补上去，你必考中。你应当更好地修身积德以报天恩。"书生听后，惊喜不已，发榜后果然中了进士。他愈加谨慎，力行善事，后来官至御史。

**5. 席匡** 席匡小时候特别聪明，悟性甚佳。一日，遇到一位看相的对他说："你面上有一条纹路延伸到口角，这是饿死的相，明年就会应验。"席匡听了很忧愁。一日，他遇到有人谈及闺阁房事，而且关系到当事人的名节，于是他就严厉地呵斥了他们，谈者见状，心生愧惧，马上住口，这件事因而没有传扬开去。一年后，席匡竟安然无事。后来又遇到那位相师，相师惊奇地问道："你做了什么大阴德的事，为何面相与原来大不相同了？"席匡后来做了

很大的官。

6. **杨廉夫**　宋代端宗年间，元军攻台州，临海城有个王姓妇女很美丽，被元军掳掠至军营中。元军将领杀了她的公婆与丈夫，想和她成亲，妇人誓死不答应，假意说:“先要让我为公婆、丈夫服丧一个月,才可以服侍大人。”元将见她不再寻死，也就同意了，安排其他被俘虏来的妇女看守她。元将撤军那天，把她一同带走，当经过嵊县的清风岭时，王氏仰天悲叹道：“我今天终于得到葬身之地了！”她咬破手指用血将诗写在岩石上，然后举身跳下悬崖而死。此事距今（指此书撰写之时）已有八九百年了，而岩石上血书的诗句，仍旧鲜亮如新，不为风雨所剥蚀。有一个书生见了，写了一首诗非议那位节妇：“啮指题诗似可哀，斑斑驳驳上青苔。当初若有诗中意，肯逐将军马上来？”这个题诗人后来断子绝孙。元朝的杨廉夫也作了一首诗：“甲马驭驮百里程，清风后夜血书成。只应刘阮桃花水，不似巴陵汉水清。”后来杨廉夫也无子。有一夜，梦中一位妇女对杨廉夫说：“还记得你写王节妇的那首诗吗？这诗虽不能损害节妇的名誉，但毁谤贞节义妇的罪过却是极重的，因此上天绝了你的后代。”杨廉夫大为悔悟，又作了一首诗曰：“天随地老妾随兵，天地无情妾有情。指血啮开霞峤赤，苔痕化作雪江清。愿随湘瑟声中死，不逐胡笳拍里生。三月子规啼断血，秋风无泪写哀铭。”后又梦见妇人来谢。不久，杨廉夫得了一个儿子。

7. **邝子元**　有个叫邝子元的人，得了心病，整天昏昏沉沉，迷迷糊糊，就像在梦中一样。他听说有位老僧人很会治病，就去求治。老僧对他说：“你这个病是因为淫欲过度，水火不交所致。贪恋美色、纵情淫欲，叫外感之欲；而深夜难眠，思慕异性，相思已久，或成梦中相交，称内生之欲。内、外两欲互相纠缠感染，都会耗损元气，增加疾病，伤害性命，必导致不治之症。因此，急需将心内的色欲妄念斩除干净，再节制欲事，保养身体，不使走泄，则肾水不至下涸，相火不至上炎，水火既交，身体自然就能慢慢恢复健康了。所以说，苦海无边，回头是岸！”

8. **包宏斋**　宋代的包宏斋，身体强健，精力过人，八十五岁时，还被拜为宰相。贾似道认为他一定有什么养生的妙术，就向他请教，包宏斋说：“我有一服丸子药，是不外传的秘方。”贾似道很急切地询问是什么丸子药，包宏斋慢慢悠悠地说：“多亏我吃了五十年的独睡丸呀！”满座人听了都开怀大笑。

9. **李觉**　蒲得政做杭州知府时，他的一位老乡李觉来拜见他。李年已百岁，但色泽光润，蒲知府就问他养生之术，李老答道：“这种养生长寿术是很简单的，就是绝欲早点儿而已。”

10. **张翠**　　太仓人张翠，九十多岁了，耳聪目明，还能作画。人家问他健康秘诀，他说：“只是欲念淡薄，房事节制罢了。”

立誓

## 发誓持戒

从前周裕先生曾聚集同社善友，用戒邪淫单的方式劝大家戒邪淫。每人各领一单，分别劝十人，发誓戒淫者在单上填上自己的籍贯和生辰八字，并签名按手印。然后，将单子焚告于文、武二帝的坛前。自此以后，各人对自己的举心动念、言行举止，务必要战战兢兢、严格警惕自省，不敢、也不能再犯任何邪淫。过去不幸已犯邪淫的人，如今赶紧忏悔，这样还能消此弥天大罪。过去幸而未犯的人，从今坚守戒制，不致令白璧有微瑕。这样彼此相互规劝，始终不变，进而转相广劝，令世人永断孽根，皆归正路，则功德无量，福报无量。

骆季和先生说："古人云：'万恶淫为首，百行孝为先。'我常常思忖这两句话的意思，想把其中的道理弄透。其实，这两句话是相辅相成的，其中的道理蕴含颇深。既然‘淫’为万恶之首，则可知‘不淫’就是百行之先；既然‘孝’为百行之先，则可知‘不孝’就是万恶之首。反复比对，细细琢磨，一言已足，而为什么又要从正、反面来分析呢？因为好淫即不能保全孝道，而欲圆满孝道，必须从不淫开始。”

古代圣人制定婚姻，必先有媒妁之言，后有大礼迎娶，所以如此，小则为了延续子嗣，并以人伦纲常来辅助修身进德的要义；大则为了以修身齐家作为治国平天下的根本，因此说：“君子之道，乃是从夫妇间的明礼、知义、行孝而开始。”可惜的是，如今世道衰微，圣人所颁明的道理不被重视，古时的道德意识全然丧失，所留传下的礼仪，也徒具其形式而已，以夫妇为欲乐的工具。不少年纪轻轻的少年，德行和事业尚未成就，就已经知道热衷美貌艳容，而做长辈、父母的溺爱子女，非但不加指正，竟也有附和赞成的，导致年轻后辈更坚定地认为好色是人生正当之事，并且夸大其辞地说：“这是为了传宗接代，延续血统。”随着夫妇私情渐深，对父母的孝养就渐少。为了讨好妻子而亏待父母，置自己于大不孝之境地。贫贱之人不必多说，所谓有知识有教养的阶层中，儿子给父母脸色，媳妇骂詈公婆的事情，不也司空见惯吗？

人间凡情，转向善的一面很难，而造作恶业却非常容易。既然把夫妇看作欲乐的工具，那么夫妇之间的男女情见越深，贪淫爱慕的念头就会日盛，得新厌故，处处生情，看天下男女，全都是可以供我享受欲乐的人。邪淫之风一旦刮起，随之而来的就是相妒相杀，伤身辱亲，万恶从兴，百善俱废。不孝之罪，实在莫此为甚了。推其原故，都是由于当初的一念淫欲所导致的，故“万恶淫为首，百行孝为先”这两句话在字面上看似相反，但在意义上却是相辅相成的。而世间不明真相的人，以凡情之见，把淫欲强行分成正和邪，即所谓正淫和邪淫，这是根本没有真正领会古圣先贤的教诲。《圆觉经》中说，一切众生，皆因淫欲而正性命。欲因爱生，命因欲有。众生爱命，还依欲本。当知轮回，爱为根本。又说，由于欲境，起诸违顺，境背爱心，而生憎嫉，造种种业。是故复生地狱、饿鬼。

由此可知，“淫”为人生大患，最初并没有邪、正之分。只是众生自无始劫以来，久因爱欲而得此身，家狱已成，业根难拔。所以如来怜彻，特别开了方便之门，允许凡能戒除夫妻以外的各种邪淫行为欲念者，许托莲花之种。（《佛说戒德香经》：“不犯他妻，所在化生莲花之中。”）我在此处引用经中之言，不是以严格的绝欲主义强凡人之所难，而实在是希望所有同修深知，只贪恋闺房欲乐，而不顾伦常大义的人，已是在造悖逆天理的罪，何况是那些把驰情外遇当作是世间正常事的人？因而推知，即使是力戒邪淫，只不过是受持了佛法中“人乘五戒”中的一戒，如果还恣情追逐女色，必难免堕落三途恶道。由此而感想兴发，力图自我振奋，对内修身齐家，对外断绝一切争逐色欲之心。追根求源，努力修行，泥洹在望（《佛般泥洹经》云：“戒邪淫，得五增福，入泥洹道。”）十罪顿超，我佛诚言，不吾欺也！我等于佛菩萨之前，宣誓戒除邪淫，并坚守誓愿，以防止邪念妄生。将誓愿文昭于书格，料想所有在场佛弟子，都会同心协力共同实行，我今特于“戒邪淫单式”之前写下上述几句感想，权当抛砖引玉，希望能够对各位同修有所启发。

## 誓愿文式

（须端楷依此书写，对佛菩萨像前宣读焚化，以昭诚敬。）

______年___月____日，立愿戒邪淫弟子_______斋戒熏沐，焚香具疏，敬谨宣誓于_________座前曰：

百善先孝，万恶首淫，人异禽兽，以其存心。

雁集中泽，尚不乱群，我为佛子，可不如禽？

自今日始，誓戒邪淫，尽我形寿，永不渝心。

若有犯者，即祸其身，尚不蔽过，殃及子孙。

玷污大教，罪实非轻，殛以劝来，护法神明。

慈悲哀怜，鉴此葵忱，护持默佑，永保生生。

弟子______谨具押

**一坚戒力**　人们心里的念头，有善念，有恶念。人们所得到的果报，有福报，有灾祸。天道是福善祸淫的，但天道祸淫，却不对已经悔罪的人施以祸事。如果我们真的能反迷为悟，那么一定会祸去而福来；但是我们在忏悔受戒之后，必须战战兢兢，如临深渊，如履薄冰，时刻警惕不再作一念之恶，这样才敢在神明前说自己已经无罪。如果在受戒之后又去犯戒，要知道我们已经有了誓辞在前，又有神明在暗里监督，犯戒之人决定受祸，不可救药。这就像伤寒病人刚刚好了一点，马上又食荤腥，原病复发，绝对没有活下来的道理。所以希望各位同人，一定要至心归依，时时在神明前自省，刻刻想到犯戒将带来的祸患。古人说：“一之为甚，其可再乎？”何况我们既已发誓，岂能当作儿戏！

**一坚信心** 凡受戒诸人，应该知道人与人的命运是不同的，这就像土地有肥有瘠，天上的雨露阳光，却无二施。只要我们在土地上种下了种子，天地是一样给予它培育之恩的；但是如果树苗栽得不正，倾斜的树就很容易倒了。是培育还是倾倒，这个权力似乎是由天主宰，但栽得正还是栽得歪，这个权力其实操之在我自身。有些造恶之人却能享受非常之福，未必是真福，可能是借此来促使他以后遭受更重的殃祸，要不就是他祖上积下了厚德，要不就是他自己前世做了很多好事积下了很大福报。也有行善之人而受无端之祸的，那未必是真祸，可能是老天要借此以磨练你、玉成你将来成为大器，要不就是过去世造了恶业，所以今生当受此报，等到报应受完，苦尽甘来，一切都会好起来的。所以希望世人，如果遇到顺境，应该更加精进多做好事；如果遇到逆境，尤其需要有大智慧，勇猛精进，积功累德，尽自己的一切能力改变命运，这样最终还是会有好的结果。

# 求子

## 礼念观世音菩萨求子疏

伏以观音大士，誓愿洪深，法界有情，等蒙摄受。善根未种未熟未脱者，令其即种即熟即脱。应以何身得度者，即现何身而为说法。良由大士无心，以众生之心为心；大士无念，以众生之念为念。故得慈起无缘，悲运同体。如皓月之普印千江，若阳春之遍育万卉。遍尘刹感，遍尘刹应，无求不遂，有愿皆从也。

弟子______同妻子______痛世道之危岌，愍人心之陷溺，愈趋愈下，了无底止。仰冀大士赐我福德智慧之子，以期将来穷则独善，以倡导于一乡；达则兼善，挽狂澜于既倒。特立三约，以为先容：一保身节欲，二敦伦积德，三胎幼善教。勉行此三，以期无负大士之洪慈也。

又祈四海内外，一切同人，咸息恶心，咸发善念。咸生福德智慧之子，咸体普覆并载之仁。视邻邦如手足，以天下为一家。互相维持，不相侵暴。以期上慰乾父坤母之洪恩，下符与天地并称三才之人名。转大乱为大治，普天同庆。畅佛化于两间，万国咸宁。

唯愿菩萨，普施无畏，愍我愚诚，满我所愿。

______年_____月____日，弟子________百拜上呈

## 求子三要

第一，节制性欲，保养身体，为胎儿培育好先天条件；第二，勉力实行敦伦尽分[①]，积累功德，为孩子立好福基；第三，做好胎教和幼教，以免孩子长大后心无主见，随波逐流。这三条要事，务必切实遵行。再以至诚心，礼拜、称念观世音菩萨，祈求赐给有福德智慧、能光耀祖宗、贡献国家社会、有德有才的贤良儿女。这样去做，一定能所求如愿，不辜负大士圣恩。

第一要节欲保身，以培先天。若不节制性欲，精气既薄又弱，必难受孕。即使受孕，也必难以长大成人。即使成人，由于先天不足，此子必定身体孱弱。既然没有强壮勇健的体魄，也就不可能有聪明敏锐的记忆心力，也必定会未老先衰，无所作为。这样求子，纵然观音菩萨大慈大悲，满你所愿，而你实在是太辜负菩萨的深恩大德了。

注：①敦伦尽分：亲身去努力遵行“孝、悌、忠、信”等伦理道德，各尽职责。即是对国家要忠诚，对父母要孝顺，对朋友要守信用，对兄要恭敬，对弟要友爱。

第二要敦伦积德，以立福基。要想生出有福气、有道德、有智慧，将来光宗耀祖，为国家建立丰功伟业的儿女，自己必须敦厚伦常，克尽本分，孝顺父母，恭敬兄长，爱护弟弟，夫妻和谐，善待一切眷属，怜悯体谅仆人、使女，这是对家庭而言。至于对亲戚朋友、街坊邻居及单位同事，都应当和睦相处，随缘劝化，使年老的知道善教子女，年少的懂得要孝养父母、尊敬长者。经常把“闲邪存诚[1]，诸恶莫作，众善奉行，戒杀护生，吃素念佛，发愿求生西方极乐世界，永远出离六道轮回苦海”的道理，普遍为一切同人恳切演说，使大众培植出世胜因，大家都成为遵守道德规范的良民。能够照这样去做的人，他的一举一动，都可以利益自己、他人；他的一言一行，都堪称模范。那么他所生的儿女，也能超群拔萃，大有作为。观音菩萨固然有求必应，满足我们的心愿，我们也可以教养出才德兼备的优秀儿女，来安慰观音菩萨慈佑众生的苦心了。

第三要胎幼善教，以免随流。我国古代的圣人，都是由于智慧贤明的父母善于教育而成就的，更何况凡夫俗子，不致力于善教怎么行呢？如果求儿女的人肯采用正确的胎教方法，其儿女日后就会贤良慈悲。方法是从怀孕后，自己的举止、容貌都必须端庄诚静，言语必须忠厚平和，

注：①闲邪存诚：防范邪恶枉曲之念，存养诚信真实之心。

行为必须孝顺父母，友爱兄弟，恭敬顺从，并在行、住、坐、卧中，时刻称念观音菩萨圣号。无论是出声念，还是心中默念，都要摄耳谛听，这样听，心就归于一，功德更大。如果衣冠整齐，手、口都已洗漱干净，则出声念、默念均可；如果是没有洗漱干净，或在不洁净的地方，或睡觉时，都要默念。默念功德一样，此时此处出声念不合适。如果妇女临产之时，就不可默念，因为临产时，要用力气送出胎儿，若闭口默念，可能导致闭气生病。此时不仅产妇自己念，家属都要为之助念，这样肯定不会有难产，也不会有产后的各种危险。如果真正能够谨慎遵行，使身、口、意三业清净，再加上虔诚恳切地念观音菩萨圣号，使胎儿禀承其淳善正气，那么生下的孩子，就不会是平凡之辈。

到了孩子开始懂事的时候，就要对他讲因果报应及利人利物者必昌，害人害物者必亡的道理。必须使他明白，只有利人利物才是真正的利益自己；害人害物，则更甚于祸害自己；行善必得善报，作恶必招祸殃。另外，还要对孩子讲如何做人的道理，要遵行孝、悌、忠、信、礼、义、廉、耻这八种道德，才不愧作为一个人，不然的话，虽样子是人，而内心却同禽兽一般。还要教育他不许说谎话，不许撒娇疯癫，不许拿人家的东西，不许打人骂人，不许糟践虫蚁、字纸、五谷等东西。自己的一切所作所为，都必须对亲人对自己有利益，而对他人对事无有损害。又必须叫孩子常念观音圣号，用以消除宿世恶业，增长善根福德。儿童时期养成了这个习惯，长大后必定淳朴厚道，不至于骄傲自满，目中无人，而成为不知天高地厚的狂妄之徒。能这样去善教儿女，则对祖宗就是大孝，对儿女就是大慈，对国家社会就是大忠。我常说，治国平天下的大权，女人家掌握了一大半，其原因就在于此。女人若能依教遵行，那么她的美德堪追周朝三太[①]，才不辜负“太太”这尊贵的称号。希望求子的人，都能照这样去做，则家庭有幸，国家有幸了。

附记禁忌，免致祸害：

凡求子者，必须夫妇订立条约，断欲事半年，为儿女培好先天条件。待妇人月经干净后同房一次，必定受孕。月经未干净，切不可同房，否则必造成停经，导致妇科疾病，很危险。又同房须选择天气清明的吉日良宵。大风大雨，雷电交加的日子，夫妻切戒同房。例如，《礼记·月令》中说：“季春，先雷三日，遒人以木铎巡于道路曰：

注：①周朝三太：指周代的太姜、太妊、太姒祖孙三代女中圣人。太姜生泰伯、仲雍、季历三代圣人，太妊生文王，太姒生武王、周公。这三代女圣，生祖孙三代数圣王。这一历史时期，是千古美好的盛世。后世称已婚的女人为“太太”，意思就是要学习效法周代的三太实行相夫教子之道，才不辜负“太太”这一无比尊贵的称号。

雷将发声，有不戒其容止者，生子不备，必有凶灾。”（春分前三日，官府派人敲击大铃高声通告众人说：雷将要发出巨大声响，有不戒除房事者，生下的儿女五官不完整，夫妻一定会有凶险灾难。）古时圣王爱民如子，特派官员宣布此项政令，还要将它写入书中，真是天地父母之心呀。遒人，即宣告政令的官员。木铎，即铃，振铃让众人都能听到。巡，就是巡行。道路，即城市的街巷及乡村。容止，指夫妻房事。不备，即五官、四肢不全，或生怪物。凶灾，指夫妇或得恶疾，或致死亡。既受孕后，应当断绝房事，则所生儿女，必定身心强健，福寿深长。怀孕后同房一次，胎毒就重一次，胞衣厚一次，生产难一次。若怀孕时间长，行房事，或导致堕胎，或者伤胎。

浙江永嘉的张德田居士，悯念当今世道人心愈趋愈下，于去年秋来函祈求我写《礼念观音求子疏》，并讲一下保身积德、善教儿女等的方法，希望所生的孩子，都能成为贤明善良的人，只有这样才能逐渐实现天下太平。我多次以年老作为推辞，他却屡次恳切请求，情难再却，只好作《礼念观音求子简疏》与《求子三要》，以塞其责。

## 保身广嗣要义

褚尚书在《广嗣》中说，古时候的男子三十岁才娶妻，女子二十才出嫁。就是要使其身体发育成熟，所以婚后一交合就受孕，生下的孩子体质健康，将来也得长寿。后世的人就不能遵从了，男子未满十六岁，女子未满十四岁，过早地婚嫁，由于人的五脏（指心、肝、脾、肺、肾五种器官）发育尚未成熟完满，后来往往发生奇怪的病症，生下的孩子多数不能长成人，所以民多夭折。这都是由于世人不知道如何去当父母的道理和方法所造成的。此道的关系实在不小啊！当父亲的不便教子，为师傅的不便传徒，后来发现，祸患已成，后悔已经晚了。现在特用粗浅的文字讲述，使后生之辈都能明白。

女子十四岁后，月经每月来一次，三天才停止，但总以三十天来一次为正常，如果二十几天就来，或三十几天才来，就是月经不调，多数难以生育儿女，那么就要吃中药，先调理经期。月经调理正常，然后夫妇相交，但也必须等月经干净三天之后才可以同房。袁了凡说，凡是妇女月经干净后，只有一天是受孕最好的时机，就是所谓的春意发动；但因女人害羞不肯说，做丈夫的平时要秘密地告诉她，叫她到时相告，可以一举而得受孕。张景岳说，男女交合形成胎孕的精血是后天的有形之物，只有等那一点先天无形的气到了，然后才能成孕。男子先天之气强胜的多数生男孩，女子先天之气强胜的多数生女孩，但都是在男女二人的先天之气一齐到来，恰巧碰到那个时机才决定生男生女。女子非到情动之极先天之气不易到，若到了，子宫必然打开，吸而受孕。但恐男子精气薄弱不能成胎，施予无用，故上等者，保持数月才相交一次。古人说“寡欲多生子”，就是这个道理。中等者，待女子月经干净之后则可行，或月明晴朗没有风雨之夜也可以。而平常之日，则不接近女身，或另睡一间房，或别睡一张床，再不然就各盖一床被。这样不单生育儿女容易成人，就是对自己的身体也是一种保护。若是下等之人，无论时间日期，或三五夜一次，此人必定导致内伤。又有下而下者，夜夜一次，或一夜两次，如此亡命之徒，精液必定如水一样薄，要不了多久就会得暴病而死。

凡是朔望日（朔日为农历每月的初一，望日为农历每月的十五）的头一夜不可行房事。五更半夜身中的阳气初生，行一次当百次，不可行。身体有小病不可行（轻病转重，重病必死）。喝醉酒吃饱饭之后不可行。坐车船等交通工具、走远路二三天内不可行；大风大雷、大冷大热、日蚀月蚀、神像前、棺材旁都不可行。持斋、祭祀、日光、月光、灯光之前不可行。农历的庚申日、甲子日、本人的生日、每月的二十八日（人神在阴）不可行。而男女性交或梦遗之后，三五天内不下冷水，不吃一切冷饭菜及冷冻的瓜果，也不能吃凉药。如必须要服药治病，宁可对医生说明此事，就像孕妇不能全靠切脉，要说明有孕在身，这才不会误事。盛夏时，性交之后不可贪凉（包括冷水洗浴、开冷气、电扇、吃冷饮等——译者注），冷天不能顶风冒雨，如果犯了，必然有阴厥（中医学名词）之症，男缩阳，女缩乳，四肢冰冷，肚疼而死，即使人参、附子也不能救。女人月经后身体虚弱的人，也要同样禁忌。

再说小产，大多是由于夫妇不知节制房事所造成的。怀孕三五个月流产的，一般都知道。而一个月、半个月内暗中流产的，多数人就不知道了。因为一月属肝，肝主疏泄，夫妇之间不谨慎，常有前半个月受孕后半个月流产而不知道的情况。甚至有屡次受孕屡次流产的，由于肝脉屡屡受伤，导致终生不能生育的大有人在。

凡是妇女怀孕之后，只要谨慎不犯禁忌，不会流产，这是百不失一、非常稳当的。况且胎儿在母腹中，全赖母亲的血液来保养，同房一次，胎元就损伤一次，有幸得生下来，病患必然很多，痘症等病发生时，必定危险，多数难以养活成人。世上爱儿女的人，对子女从小到十六七岁，细心照料保全，无非是希望孩子的根本不受损伤，终生少病痛。却不知在母腹中，因不慎房事，已令子女受到重伤，致使出世后也不得长大成人或体弱多病。无知之过，岂不令人痛惜！还有用各种丸散药物放入子宫而帮助生育子女的，难道父母的精血能和这些渣滓混合吗？古人说：这样用药物帮助生育的，所生子女会筋骨受伤而夭亡。因此，这样的方法用了未必有效，即便能生，其子女也很难养育长大，只是白白地造孽而已。以上这些，都是当父母的人应当明了的道理和方法。以前我常喜欢对人宣传讲解，现在老了，不能一一劝说了，用此文代替口说而传世，希望人人都能知道，爱护自己就是爱护自己的儿女呀！

孙真人说，人的这个身体，不是金属铸成的钢铁之身，而是气血凝聚而成的血肉之躯。人如果对色欲一事不能自我控制，起初认为偶尔放纵，没有什么防碍，接着便是日损月伤，精髓亏，气血败，就导致死亡了！

人的气血，行于六经，一天行一经，六天而周遍六经（太阳、阳明、少阳、太阴、少阴、厥阴，称为六经），所以外受风寒感冒最轻的人，也定要七天六经行尽，才汗出解除，因为气血已行走一周了。人在欲事正浓之时，无不心跳出汗，身热神迷。当此之时，骨节豁开，筋骨离脱，精髓既泄，一经的气血就受了损伤。一经既伤，必须等七天气血周流到此一经时，才能复元。《易经》中说“七日来复”，就是说要休养七天的意思。世人还没有七天就又泄精，经气不能复元。如此一伤再伤，以致外受感染，内受亏损，无不百病丛生。而世人都将此归罪于一时的运气不好，偶尔得病。岂不知哪里是一朝一夕的缘故，其由来已久，都是因为未能严格遵守六经七天来去一周的规律。今天制定如下规矩，作为节欲保身的根本：二十岁时应当七天一次为准，三十岁时十四天一次，四十岁时则应二十八天一次，五十岁时四十五天一次，到六十岁时，天癸已绝不能发生(男子二八天癸至，即十六岁；八八天癸绝，即六十四岁。女子二七天癸至，即十四岁；七七而天癸绝，即四十九岁。天癸是天一之水，是说精髓血脉流通宣泄可以发生，天癸绝就不能发生了)，应赶紧断色欲，绝房事，固精髓，以清洁闭藏为根本，万不可走泄了！

以上限制日期，专指春秋两季而言，若是冬夏两季，一则是火令极热，发泄无余；一则是水令极寒，闭藏极密。即使是年轻时期，在这两季中也应断欲为主，否则的话，二十岁时或可十四天一次，三十岁时或可二十八天一次，四十岁时或可四十五天一次，到了五十岁，由于气血大大衰弱，夏季或可六十天一次，冬季就应当谨慎守护，不使走泄。这是由于天地与人之气，冬季闭藏极密，是专为来年春天发生的根本，所以重要于夏季十倍。能够依照此规定而遵行的人，可以消除疾病，延长寿命；而违犯此规定的人，必然多病短寿。

王莲航说，从前莲池大师对王大契说："明明白白地放毒药于粗劣的食物中，这是比喻杀生的惨状；暗中置毒药于美食中，这是比喻色欲之惨呀！"古往今来，那些才人志士，一生能够实现远大理想有所作为的人都很少，而且多数也不长寿，究其原因，几乎都是由于欲事过多造成的。他们在行事之前，也知道要爱惜自己，在事后也知道后悔，但当淫欲浓烈之时，所有伟大的志向也都忘记了，认为一次不会有多大伤害，以后不再如此。谁知下次又这样想，以致每次都这样想。色欲这东西，愈放纵愈强烈，直到不能控制的时候，已经无可奈何了。人的精髓因此枯竭了，身体虚弱了，然后病了，最后死了。人就是这样被自己的淫欲一步步推向死地的。

所以说，事前自知爱惜也无益，事后追悔也来不及，而必须在将要行淫时控制住，赶紧想想此事究竟有何乐趣，事后又有什么危害，一旦想通，一定哑然失笑，欲望顿消。

遏制一时的淫欲，可以施展毕生的才华，成就伟大的功业，有才华有志气的男儿，想必都乐于遵从吧？而那些甘愿落入下流，自己减损寿命的人，我就不知道有什么方法救助他们了。

特别提示读者，莲池大师的教诲，很显然是对已守禁戒之人而说的，告诫他们要节制房事，并不是仅仅指不犯邪淫。

总而言之，纵欲招致祸殃，夫妻正淫尚且如此，何况那些邪淫嫖娼、渔猎女色之徒，更是自取灭亡，甘愿沦堕于畜生之类，实在是太悲哀了！

附录

## 劝毁淫书说

三代（指夏、商、周三个朝代）以后，世间的歪理邪说越来越多，而各种邪说当中，最能毒害世道人心之一的莫过于淫秽色情小说。古来圣贤的经教，是唯恐不能使天下的愚迷众生都得到觉悟，而淫秽小说，却是唯恐不能使这些愚迷众生都丧尽廉耻。所以色情小说兴盛，淫风就猛烈；淫秽词曲流行，人的贞操道德就衰败。

谁无羞耻之心，怎么肯去干那种禽兽之事？但事实上那些天资聪明的子弟，赋性灵秀的女子，他们只要一看这些色情书刊，基本都被迷惑。开始看的时候，常为一些艳词丽语所打动，认为佳妙，接着就被书中的色情描写所吸引、所制伏，最后便不能自我控制了。结果，竟致以希圣希贤、齐家治国的宝贵人身，甘愿去做钻狗洞爬墙头、偷香窃玉的下流之事，而且绝不顾惜自己的名声和身家性命，这都是受了淫秽图书的蛊惑所致。可见这些淫秽书刊，它毒害世人心，比含有砒霜的蜜饯更厉害！它陷害世人命，比用大雪覆盖、深坑活埋更加惨痛！它能使人灭天理、乱人伦。犯此恶行之人，现生就折损福报，减去寿命，破家而亡身，辱没祖先，断绝后代。更可怕的是其人死后，由于罪恶深重而堕入地狱，将受尽种种极苦，历经长劫（劫是说通常用年、月、日所不能计算的极长时间）不能出离，真是可悲呀！凡是写作色情小说的作家，以及贩卖此等书刊的人，他们的罪行超过了无耻的叛徒，超过了暴乱的贼首，应当受到国法的严厉惩罚。上天的律条也不会赦免的。

恳切地奉劝当权的诸位官员大人，及一切有心挽救世道人心的仁人君子，凡是见到写作色情小说、贩卖色情书刊的人，一定要劝他们改变这种造作罪孽的职业；凡是见到这种书刊及其印刷板，一定要将其全部烧毁。有财力的可以独自出资，没有能力的可以劝化大众共同捐资购买此等书刊或印刷板予以销毁。又请求大家要互相劝导，使人人都能自觉地去做，一定要使世上永远不再有此等害人书刊，人民各尽职分，敦厚伦常（君臣、父子、夫妇、兄弟、朋友为五伦，因为这是不可改变的常道，故称伦常），享乐天年而后已。我们将会看到佛天云护，灾障消除，身心安泰，家门清吉，福寿康宁。现世夫妻白头，儿孙满堂，受勋封爵，子孙后代也会获得此训所带来的种种福报。又特将“收藏淫秽小说四害”“毁淫书十法”详附于后，希望有心挽救世风的人，采纳而奉行焉。

## 收藏淫秽小说四害

**一玷污品行**　　阅读此等书的必定不是正派人士。古时南海有一县令，好看淫秽小说、手抄小本之类的书，每日必看，一日不经意将淫书夹入须呈上的报告册中，上司对他的这种德行很恼怒，该县令后被弹劾而死。

**二败坏闺门**　　凡好藏淫书、好唱弹淫词的家庭中，由于诱惑太多，家里胆大的女子就会做出丑事，胆小的内心折磨，或者容易得痨病而亡。这种事我真是不忍多说，令人痛心啊！

**三坑害弟子**　　收藏此种书的人，其子女通常会去偷看。子女若是才气出众的，早看早破身，或者患病而死。即使不死，而元气一散，也成不了大器。世间有很多这样的子弟，才华横溢一时，却终身无所成就，多数是因他早年被玷污了，这都是被他父兄箱中密藏的淫秽小说害了。子女若是才智一般的，偷看此种书之后，也会因此沉迷而破了整个家庭。金陵一名家子弟，很有才华，过目成诵，十三岁就博通经史。一日偷看《西厢曲本》，废寝忘食七天七夜，而元阳一走，随即颓败。医生说：“心肾衰绝了。”这孩子最后不治而死。

**四多患恶疾**　爱好读淫秽小说的人，大多夭折，很多患奇奇怪怪的病。杭州的宋司马，人极丰伟，年刚五十就乞求归乡。他对家人说：“我小时候爱看淫秽小说，风痰入肾，我的寿命不长了。”不久就死了。看淫书的害处如此，呜呼，真令人为之痛哭啊！

下面详细讲述焚毁淫书的十种方法，希望普告同人。

## 焚毁淫书十法

**第一法**　奉劝当权的诸位执政官员大人，应该教育民众淫秽书籍对人的毒害，以法律条文的形式明确禁止出版、流通、贩卖淫书，永远杜绝，这是斩草除根的办法。淫书陷溺人心，大伤风化，显然与治国之道相违，以致每年添出无数奸情命案，毒流天下。写作、出售、收藏淫秽书籍的人应当受到法律制裁，杜绝、禁止、焚烧这种书的人应当受到奖赏。（张孟球先生，河南审察官，居官廉洁，恩威并施。他平常最喜欢刻印善书，广行善事，最讨厌淫书、淫画、春方及堕胎、赌具等物，见到必严厉禁止，并对收缴此物之人给予重赏。夫人知道他抄传善书，也典卖衣饰相助。他们生了五个儿子，分别叫学庠、应造、绍贤、企龄、景祈，个个金榜题名，高官厚禄。张孟球先生无疾而终。）

**第二法**　奉劝各省官员，上任伊始，就禁止翻刻淫书，对犯此罪之人必究法律责任。禁止人家收藏淫书板，禁止画家绘淫画，禁止奸徒售春药，禁止书商发行淫书，禁止匪流制造淫具，禁止传播春方、编造淫集。对于不遵守上述条例者，酌情量刑，决不姑息养奸。（堕胎之恶，全由药术。常见乡镇里有些不三不四的流窜之人，于大街小巷到处张帖堕胎药广告，煽惑男女青年服用。服之者无不伤胎害母，且奸民因有堕胎药而有恃无恐，私奔苟合，愈长淫风。能禁止者，一可救婴儿之命，一可杜邪淫之心，功德无量。伏愿地方长官，经过所属街巷等处，一见市肆淫书小说、春方媚药、墙壁招帖，要从严处理，迅速派人追根究底，惩其店主伙党，毁其书籍方药，责令改业。然后暗访密查，对于私下买卖之人，科以重罪，必一一尽毁其书，焚其板而后已。这真是当官第一快心事，也是当官第一阴德事。对于制造淫具的奸民，无论淫具是用角做的还是用铅做的，丑名不一，其罪与杀人同，不可不严加惩禁。）

**第三法**　奉劝有学问之士，不谈闺房之事，不写淫词艳曲，严格禁止学生购买、收藏淫书淫画。凡是有伤风化的文章、书画，一律投火烧毁。对于有邪淫行为的朋友，务请苦口良心婉言相劝。（某书生好编淫词艳曲，闻者无不动情，拍手称快。一日某生出门，稿子放在桌上，他的妾是个聪明识字的人，看见了他的稿子后，从此起了外情。某生听到这事之后，责问其妾，妾反唇相讥道："你好编淫词艳曲，谆谆以淫乐教人，今日之事正是小妾谨遵你的言教，为什么要如此怪罪呢？"生无言可答，长叹一声，无疾而死。）

**第四法**　奉劝有钱的大富家族，广收淫书淫画，随买随焚，并随缘劝化卖者回头。财力大的，尽可能买下刻印板并将它劈了。财力稍微差一点的，多买这种书来烧毁。平日出外时，看到必买回来烧掉，日积月累，功德无量。倘若自己的贫穷亲友，不幸干此淫秽行当，请务必出资劝其改行，买下他所收藏的淫书，全部付之一炬。凡是一切淫秽小说，色情歌曲，一律不许进门。（状元石琢堂，在做生员的时候，就以维护伦理道德为己任。家里专门设了一个纸库，名叫“孽海”。他只要见到淫词艳曲、坏人心术及破坏伦理道德的书籍，都投入孽海纸库中焚烧。）

**第五法**　奉劝贫穷人家，如果无财无力买烧淫书及印刷板,就应当用手抄写有关“烧毁淫书得善报”的文章，各处分送。倘若没有时间抄写，也应尽量逢人劝戒，以口代书，随缘指点，功德也不小。（手德、口德，均是功德。）

**第六法**　奉劝干印刷行业的人，要定下行规，凡是淫秽书籍，一概拒之门外，决不印刷。有私下印刷的，按行规处罚。这样一来则淫书不绝而自绝，且阴功浩大，更不待言。（印刷淫书，赚钱有限，造孽无涯。）

**第七法**　奉劝各省发行行业，概不发行淫书，以免天下识字之人，一同造下无边罪孽。（江南书商嵇留，积下资本三千金，经常印刻淫书淫画，人劝不听。他自认为卖古书不如卖时文，印时文不如印淫书淫画，因为这样书卖得多，钱来得快。他家资财丰厚，但不到几年，便双目失明。他印刷所用的书板，被一场大火一烧而尽。等到他死的时候，连买棺材的钱都没有了。其妻子、儿女的境况就不忍说了。）

**第八法**　奉劝画家不要画淫画，照相馆不要洗印淫画，以免使得天下不识字的人共沉孽海。（福建的诸葛润很善于画淫画，他浪游京城，名声大且其画的价钱也很高，许多富贵人家的子弟都亲近他，他家因此富起来了。一天夜里，盗贼闯入他住的旅馆，诸葛润大呼救命，盗贼先是砍断了他的手臂，然后又连砍数刀，将他杀死，将他的财物席卷而去。后来广东的李孝廉看到他遗留下来的画稿，不禁叹道："这种画稿流传，误人子弟不少啊。"李将他的画买了下来，一把火全都烧了。李于是在这一年科考中试，他的儿子也接连及第。世间不管是识字的人还是不识字的人，一看此淫画，都会心醉神驰，就会干出禽兽不如的事情。我发现擅长画淫画的人，基本都断子绝孙，因为他的淫画不知害了多少子弟，坏了多少闺门，恐怕不断子绝孙不足以抵他的罪过。至于他的妻子、女儿、媳妇，也很少有不淫乱的，因为她们一天到晚所见的无非都是些邪淫形象，即使她们原本有贞洁的品行，也会被化为邪淫的性格。画淫画的人也必定早死而不长寿，因为他画淫画时，时时刻刻淫心摇荡，真精浮散，梦遗、滑精、脱阳等症，都会相继而作也。

呜呼，真是悲惨啊！百工技艺，何事不可为，而乃为此？山水花鸟，何物不可画，而乃画此？时时刻刻都想着要使天下的人都好淫，而他的心里才高兴，恐怕这种人的技艺越精，他的罪孽就越重，罪孽越重而果报就越惨啊。）

**第九法**　　奉劝医家，不传春方，尽力告诉人们春方的害处，以免使得好色之人娇揉造作，枉送性命。（医书中附载春方，害人不浅。愿医生不要传给他人，并且删去书中的这一条。妄谈房中术的旁门外道诸书，坏人心术，丧人廉耻，邪妄，淫恶，将坠入无间地狱，学道者决不可看。能烧其书，毁其板，功德无量。）

**第十法**　　奉劝各位在宴会上不要点淫戏，以免少男少女看后心神荡漾，发生一些不可预料的事情，并且可以避免他们心起淫念暗丧元气，及因此而引起疾病甚至夭折。这也是让世人同获福寿的善举。（戏院中男女老少都有，那些演淫戏的人都是些身份卑贱的人，不惜以丑态献媚于人，固然不足为怪，然而看戏的人，大多是良家弟子，年事高的人虽不会被淫戏动心，但年少之人则容易随戏中情节而心神荡漾，或因此丧失元气，或从此寻花问柳、钻穴逾墙之行无所不为，偷期密约之事无所不干。病从此而起，身从此而亏，伤风败俗。这种淫戏的害处真是难以言尽，因此奉劝深明事理的人，以后凡是进戏院，千万不要点淫戏。还愿敬神，更不能点淫戏，天下没有聪明正直的神是喜欢看淫戏的。敬神本来是想求福的，而点淫戏恰好引来祸害。人何苦以一时的兴趣，造此无穷的罪孽？愿与各位同志共戒之。）

以上十法，法法相通。遵而行之，便是天堂捷径，而种种福报都在其中；逆而反之，便是地狱孽缘，而种种祸报也都在其中了。人们应当知道并自警。

颜光衷说："印刻淫书，诱惑荡子，杀人不见血。公正廉明爱护百姓的官员，应当赶紧收毁一切淫污邪书及书板，对于翻刻翻印的人，应该用严厉的刑罚惩治。传播淫秽书籍的罪过比五逆之罪还重，罪在不赦。只有这样，民风才能纯正，而孩子也可以教好了。"袁了凡说："买淫书淫画及诽谤圣教之邪书并烧毁的人，他的子孙一定忠孝节义。好读淫词小说，并将此等淫秽书与圣贤书一并收藏的人，他的子孙会邪淫放荡。翻印淫词小说及贩卖以获利的人，他的子孙会沦落为下贱之人。"

东莱吕氏说："要教小儿以正道的东西，不可以使他情窦早开。"黄蓼乙的《蒙养篇》说："家中小孩识字后，就应该禁止看淫秽小说，此种小说中胡编乱造的事本属子虚乌有，可是少年人会误认为真，眩目荡心，最为害事。做父母的要常常留心察看孩子在背地里偷借什么书看，搜出黄色书籍即投之于火。孩子十一二岁后，父母要留心察看孩子睡中的动静。家中的男女仆人，不论美恶老少，一律不让孩子亲近。只此一关，若能守牢，功名寿算，终身受用不尽。”

《务本丛谈》上说：“家中父母，对于儿童，务必严密教育监察。诸如小孩幼时，母亲常把食物先在自己嘴内嚼碎，再给小孩吃，这种事情最不卫生。还有些母亲高兴时，用手常弄小儿阳物为戏，他从小已受此种感觉，将来成人时，恐怕就会有手淫恶习（手淫害处大，犯者将至伤身殒命）。有些小孩无事时，偶尔会摸弄自己的阳物，这种事也必须严禁，以免养成习惯。淫书、淫画、淫戏千万别给小孩看，这些东西如蜜里砒霜，入口即死，或侥幸不死，亦可酿成梦遗、滑精等症，终身受害无穷。因为看淫书等时，心荡，元阳暗中走失，身体受大损伤，所以一有遗精之病，一直到死，一般很难挽回，后来终身抱痛，追悔莫及。为人父母者，务须认真监督，暗中时常观察孩子举动，一见孩子在背后偷看淫书、淫画等，立即搜出销毁，以免遗祸，如此才能保全儿童性命。又凡是夫妇同房之时，千万别给小孩喂奶，因为小孩若吃了淫乳，长大后生性淫邪，切须戒忌。”

《西国立志编》上说：“野史小说，是破坏别人教养、博人嘲笑的书。当今编撰这种书的人，想投今日之人所好，往往不嫌俚俗，不避浪谑，破人伦，冒国法，其罪实不容于死。”陀格拉斯说：“人不可编写黄色书画而毒害世人。”阶斯打林说：“野史小说，害遍群生，而它对心志未坚的青年人的毒害比瘟疫还厉害。”

张某天生才华出众，但他好编淫秽小说并印刷发行。他说自己笔底云烟，无伤阴德，一天夜里他梦见去世的父亲呵斥他：“你所编写印刷流通的书画，让读者目眩神飞，心旌荡漾，由此而开始行为不检、道德败坏的人不少。冥司对于这种案子，降罚最酷。你本前程远大，寿数绵长，今日因此而折消了。可惜祖先数世培植，一旦顿丧于你的手中，你还说这样做无伤阴德？”张某惊醒后大为后悔。不久，全家人都溺死。

江南书商朱祥，好刻淫秽小说，租卖传看。朋友们都劝他不要印淫书淫画，朱笑他们迂腐。不到几年，朱双目失明。一天家中起火，因两眼看不见，朱逃避不及，半身烧烂，哀号痛苦，三日而死。死时他自悔说：“我印淫书淫画，得发小财，害人不少，报应如此。愿天下同行，早早劈板烧书，别像我一样，我已懊悔不及了。”后来他的妻子、女儿当了娼妓，朱家从此断子绝孙。

渤海的全如玉，虽是个穷人，却孜孜好善。见人做好事，则奖劝鼓励别人，始终不倦。又曾经尽力抄录善书，普化世人。一日他飘洋过海，被一阵飓风吹至一山。全登上山顶，遥望海天一色，十分畅快。忽然他看见一道人，身着黄袍，脚踩棕履，古貌长髯，从林中走出来，对全如玉说："世人喜欢假的东西，而天帝喜欢真的东西。你生平劝善事，修善书，都是出自真心，不求人知，功德很大啊。"全如玉谦逊说不敢当。道人又说："读书人都很聪明，但他们不是将聪明用在阐发圣贤的义理上，而是用来编造淫词艳曲，流害天下万世。这种人死后堕地狱，受无量苦，永无出期。你可以去看看，知道他们的罪过，也就会知道你自己的功德了。"于是道士拉着全如玉的手，行云雾中。一会儿他们看见了一座城，城门上写着"酆都"，守门的士兵都长得奇形怪状，这些士兵看见道人都伏地叩头。之后又来到一个大官府处，侍卫林立，侍卫们见了道人也拜伏在地。官府的大堂上写着"森罗殿"，旁边的两根大柱上有对联："尔既如斯，任尔奸，任尔诈，任尔作恶，少不得庭前勘问；我诚无奈，尽我法，尽我理，尽我奉公，又何须堂下哀求。"一位头戴礼冠的大王出来迎接，尊礼备至。道人说："淫词艳曲，最害人心。阴间受罚，阳世不知，所以犯者如故。今可令人带此人前去看看明白，然后给世人传话，如果世人能够回心向道，也是您的大慈大悲。”即有两个兵役，将全如玉引至一处。全如玉见有几个人，或受刀砍，或受犁耕，或受碓舂，或受油铛，每受刑完毕，又旋即回复原形。全如玉问道：“这是些什么人？”鬼卒说：“这些都是写淫秽小说的人。”又问：“罪有尽期吗？”鬼卒说：“万劫沉沦，哪怕是投生蛆虫道，都没有办法，怎么有完的时候呢？”全如玉心里害怕想回去，于是兵役又将他引至大殿。道人指着那位大王对全如玉说：“这是明朝的杨继盛先生。他在世忠心耿直，曾上疏力劾奸臣严嵩‘五奸十大罪’。上帝对杨先生非常嘉勉，特命他担任现在的职务。你回阳间一起宣扬，让人们知道上天赏善罚恶，毫厘不爽。”道人于是辞别大王，拉着全如玉的手，回至原山。正好顺风，全如玉与道人相别，挂帆而去，从此逢人就讲他所见到的事情，谆谆劝勉他们莫走邪淫之道。

杨继盛 (1516–1555)，字仲芳，号椒山，今河北保定容城县人。32 岁中进士，官拜南京吏部主事，4 年后进京，改授兵部员外郎，因弹劾咸宁侯仇鸾被贬到甘肃临洮做典史。仇鸾死后，得到平反，返回北京。到任 1 个月，又上书弹劾严嵩，被削职下狱。1555 年被害。杨继盛死后 7 年，严嵩倒台，明穆宗追赐他太常少卿，谥号忠愍，并在河北保定为他建了旌忠祠。

## 惜字近证

书籍的刻印和制作，古代用汗简（古代在竹简上书写，先以火烤竹去湿，再刮去竹青部分，以便于书写和防蛀，称为汗青。此处汗简就是汗青的意思），之后变革为用楮墨，后又变革为用曲刀刻板，这样快速方便，使文字流通更加广泛。刻板的方法是：先用纸写好文字，然后贴在板上，反复摩擦纸背，纸被揭掉后，字就存于板上了，但经过摩擦的纸仍有字形，不可亵污。

清朝嘉庆乙丑年的秋天，杭城保佑桥，有一刻字工姓金，在病中看见两个鬼将他捉拿而去，来到殿中叩拜，所见的神如帝王像。神说：“你秽亵字纸，依法应受刑罚。”金某诉说因自己是干这种工作的，不得不这样做。神说：“不对，你应将擦印后所揭下来的字纸收到净处，随时焚送，你竟扔在台阶上，甚至倾倒在垃圾中，无处不有，不是秽亵是什么呢？”金无言以对，受到责罚。金某醒后，感觉屁股和大腿特别疼痛。

噫，神明给人的训诫真是深切，而且又为此职业的人，开一消罪孽的法门。为什么怕麻烦不遵行呢？于是笔者记录这件事，放在《不可录》最后一页，殷切期望以印刷为职业的人们，注意前车之鉴，遵守神明的教导，不要亵渎字纸。

陈海曙记

# 修订手记

《寿康宝鉴》一书，是近代高僧印光大师根据《不可录》编订而成。问世以来，流通寰宇，利益不可思议；但由于内容多属文言文，当代读者有所障碍。因此，历来有不少大德发心翻译成白话。本次即是在以往的成果上，根据出版社要求的出版规范，再次加以完善，并删除了部分不适宜的内容。修订工作主要由吴绍先居士和禅茶一味居士完成，诸多网友提供了宝贵建议。实体书方面参阅了香港佛经流通处的文言本、福建莆田广化寺06注释本、广东揭东双峰古寺的隐名氏译本和厦门观音寺的整译本；电子文档方面，参阅了清凉书屋文言点校版、净超妙芙翻译版、林梅英居士翻译版和明寂居士翻译版。在修订过程中，苏州灵岩山寺明学大和尚、山东佛教在线释清净法师等予以了关心和支持。在此，并致以诚挚的谢意。由于时间和水平所限，书中难免有不妥之处，敬请十方大德予以指正，以期更为完美。

商丘市寿康文化研究学会

2023年5月